LA FRANCE EN DIRECT

2

JANINE CAPELLE

Ancien « Lecturer » au Département de Langues Romanes de l'Université
du Michigan, Ann Arbor, État-Unis.
Ancien professeur chargé d'études au Bureau pour l'Enseignement
de la Langue et de la Civilisation françaises à l'Étranger, Paris.

GUY CAPELLE

Ancien Directeur associé du Center for Research on Language and Language Behavior
Ancien Professeur au Département de Langues Romanes de l'Université
du Michigan, Ann Arbor, États-Unis.
Ancien Directeur du Bureau pour l'Enseignement
de la Langue et de la Civilisation françaises à l'Étranger, Paris.

LA FRANCE EN DIRECT

2

LIBRAIRIE HACHETTE, 79 BOULEVARD SAINT-GERMAIN PARIS 6e

I. S. B. N. 2.01.000351.9

ONT COLLABORÉ A CET OUVRAGE, POUR LES DESSINS :
MESSIEURS GUY MICHEL, DANIEL PICARD ET GEORGES PICHARD,
POUR LES PHOTOGRAPHIES : PAGE 14[1, 2] MOLITERNI / HACHETTE. P.15 JOHNSSON, P.21 BOTTIN, P.26, 27 ET 32 MOLITERNI / HACHETTE. P.33[1] ARCHIVES HACHETTE, [2]BOTTIN, P.39 MOLITERNI / HACHETTE. P.44[1, 3, 4] BOTTIN, [2, 5, 6] MOLITERNI / HACHETTE. P.45 ET 56 BOTTIN, P.57[1] MOLITERNI / HACHETTE [2, 3, 5]BOTTIN, [4]LIPNITSKI, P.62 ET 63 MOLITERNI / HACHETTE. P.68 SERGE DE SAZO / RAPHO. P.69[1], AFP [2]GUISLAIN-DUSSART / RAPHO. [3]CARITA, P.74, 75 ET 86 MOLITERNI / HACHETTE. P.87 JOHNSSON, P.92 BOTTIN, P.93[1] BOTTIN, [2, 3]S.N.C.F., P.98 ET 102 MOLITERNI / HACHETTE. P.103[1] MAURICE COLLIN, [2]CENTRE CULTUREL AMÉRICAIN, [3]GIRAUDON, P.104[1, 4] JOHNSSON, [2]RAY DELVERT, [3]HACHETTE, P.105[1] JOHNSSON, [2]HENRARD, [3]DOCUMENTATION HACHETTE, P.106[1] FEHER, [2]HACHETTE, P.107[1] BULLOZ, [2]RENÉ JACQUES, P.108[1] AMBASSADE DE GRANDE-BRETAGNE, [2]FEHER, P.109[1] CENTRAL PHOTO, [2]GOURSAT / RAPHO. P.112 FÉDÉRATION UNIE DES AUBERGES DE JEUNESSE, P.113 HACHETTE AVEC PHOTO BELZEAUX / RAPHO. P.115[1] YAN J. DIEUZAIDE, [2]SYNDICAT NATIONAL DE LA SIDÉRURGIE FRANÇAISE, P.116, 119 ET 124 MOLITERNI / HACHETTE. P.128 YAN, P.140 J. BERRIER, P.149 ET 152 MOLITERNI / HACHETTE. P.160 JOHNSSON, P.161 MOLITERNI / HACHETTE. P.164 ET 166 R. MANSON, P.168[1], AFP [2]ALMASY, P.175 MOLITERNI / HACHETTE. P.178 DOCUMENTATION HACHETTE, P.181, 186 ET 190 MOLITERNI / HACHETTE. P.192 SUD-AVIATION, P.198 ET 199 MOLITERNI / HACHETTE. P.202 MOPY / RAPHO. P.210 ET 211 MOLITERNI / HACHETTE. P.214[1] HACHETTE, [2]MOLITERNI / HACHETTE. P.223 MOLITERNI / HACHETTE. P.228[1] BERNANO, [2]PRODUCTION L.P.C. P.229[1, 2] PRODUCTION L.P.C., P.231 ET 233 MOLITERNI / HACHETTE.

1 | Un réveil difficile

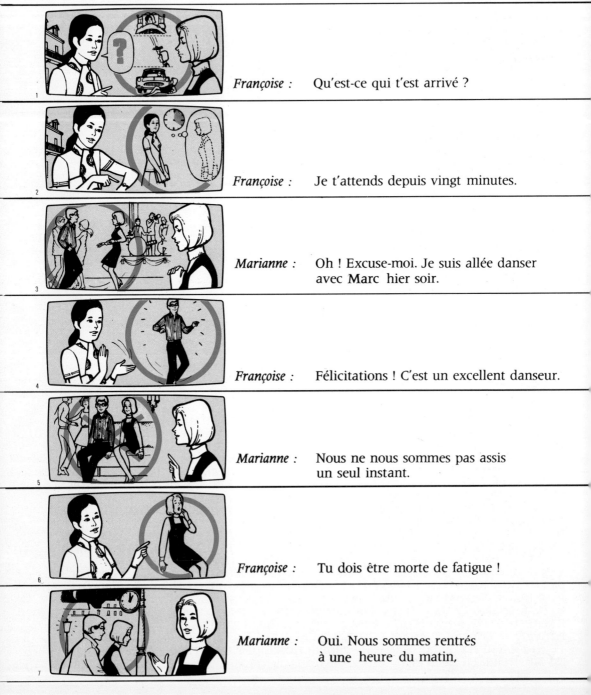

Françoise :   Qu'est-ce qui t'est arrivé ?

Françoise :   Je t'attends depuis vingt minutes.

Marianne :   Oh ! Excuse-moi. Je suis allée danser avec **Marc** hier soir.

Françoise :   Félicitations ! C'est un excellent danseur.

Marianne :   Nous ne nous sommes pas assis un seul instant.

Françoise :   Tu dois être morte de fatigue !

Marianne :   Oui. Nous sommes rentrés à une heure du matin,

Marianne : et je ne me suis pas réveillée à l'heure.

Françoise : Il est trop tard pour aller
à la bibliothèque, maintenant.

Marianne : Heureusement, Pierre y est,

Marianne : et il prend toujours beaucoup de notes.

Marianne : Nous les lui demanderons.

Françoise : En attendant l'heure du cours,
allons prendre un café.

Françoise : Ça te réveillera.

Aujourd'hui,	c'est	jeudi.
	nous sommes	le ... septembre 197..

Hier, elles sont allées danser.

Aujourd'hui, Sophie et Isabelle vont prendre un café.

Demain, elles iront au cours.

Il y a trois jours, elles sont revenues de vacances.

Dans trois jours, elles dîneront chez leurs amis.

La veille, Sophie n'est pas sortie de chez elle.

Le 5 octobre, elles sont allées danser. Ce jour-là, elles sont aussi allées au restaurant.

Le lendemain, Isabelle n'est pas allée au cours.

| Se réveiller... | en retard, | à l'heure, | en avance, |
| Se lever... | tard, | | tôt. |

| Arriver... | en retard, | à l'heure, | en avance, |
| | tard, | | tôt. |

A quelle heure s'est-il réveillé ce matin ?

Quand est-il né ?
Il est né le 19 septembre 1969.

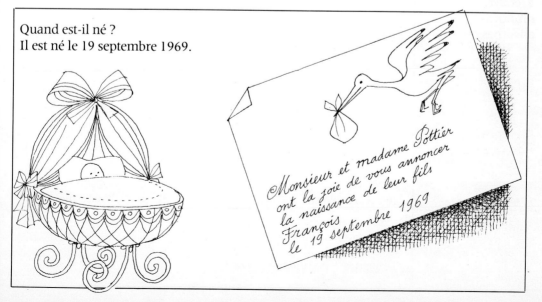

Monsieur et madame Pottier ont la joie de vous annoncer la naissance de leur fils François le 19 septembre 1969

1 | *grammaire*

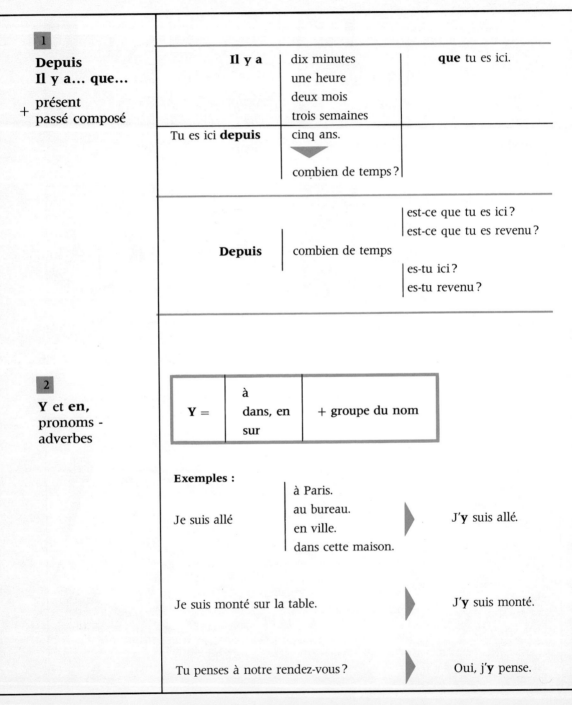

1

Depuis
Il y a... que...

+ présent
  passé composé

Il y a	dix minutes une heure deux mois trois semaines	que tu es ici.
Tu es ici **depuis**	cinq ans. combien de temps ?	

Depuis	combien de temps	est-ce que tu es ici ? est-ce que tu es revenu ? es-tu ici ? es-tu revenu ?

2

Y et **en,**
pronoms -
adverbes

Y =	à dans, en sur	+ groupe du nom

Exemples :

Je suis allé à Paris. au bureau. en ville. dans cette maison. ▶ J'**y** suis allé.

Je suis monté sur la table. ▶ J'**y** suis monté.

Tu penses à notre rendez-vous ? ▶ Oui, j'**y** pense.

Ne mettez pas **y** devant le futur du verbe **aller**.

Exemples :

Tu iras à Paris ? ▶ Oui, j'irai.

Quand irez-vous à la bibliothèque ? ▶ Nous irons ce matin.

En = de + groupe du nom

Exemples :

Elles viennent **de Paris**. ▶ Elles **en** viennent.

Il parle **de ses vacances**. ▶ Il **en** parle.

Philippe fait **de l'anglais**. ▶ Il **en** fait.

Elle achète beaucoup **de robes**. ▶ Elle **en** achète beaucoup.

3

Passé composé des verbes pronominaux

Utilisez toujours l'auxiliaire **être** avec ces verbes.

Exemples :

Jean se réveille tous les jours à huit heures, mais hier, il **s'est réveillé** à sept heures.

Jeanne se lève toujours de bonne heure, mais hier, **elle s'est levée** tard.

Les Ledoux se couchent toujours à onze heures, mais hier soir, **ils se sont couchés** à minuit.

1 | *orthographe et prononciation*

Le présent de l'indicatif

1

Tous les verbes français, sauf trois, ont la même forme orale aux trois premières personnes du présent de l'indicatif·

Exemples :

je cours	je commence	je sors
tu cours	tu commences	tu sors
il court kuʀ	il commence kɔmãs	il sort sɔʀ

3 exceptions :

je suis sɥi	j'ai ʒɛ	je vais vɛ
tu es ɛ	tu as a	tu vas va
il est	il a	il va

Même dans ce cas les deuxième et troisième personnes du singulier sont semblables oralement.

2

Terminaisons orthographiques

	singulier		pluriel
	infinitif en -er	autres verbes	tous les verbes
1ʳᵉ pers.	**-e**	**-s**	**-ons** *sauf verbe être*
2ᵉ pers.		**-s**	**-ez** *sauf 3 verbes*
3ᵉ pers.	**-e**	**-t** *ou* **-d**	**-ent**

3

Trois verbes seulement présentent une irrégularité à la 2ᵉ pers. du pluriel

faire	vous faites fɛt
être	vous êtes ɛt
dire	vous dites dit

4

Particularités

● Consonne finale doublée au pluriel : il met, ils mettent.

● **ç** devant **-ons** pour conserver le son s de l'infinitif :

commencer	nous commençons	*mais* danser
avancer	nous avançons	nous dansons

● **g** + **e** devant **-ons** pour conserver le son ʒ de l'infinitif :

manger	nous mangeons
changer	nous changeons

● Changement de **e** en **è** ou consonne doublée devant terminaisons muettes (**-e**, **-es**, **-ent**) :

acheter	j'achète	nous achetons
peser	je pèse	nous pesons
appeler	j'appelle	nous appelons

● Prononciation particulière : nous faisons fəzɔ̃ *mais* vous faites fɛt

1 | *exercices*

1 Répondez (questions sur le dialogue).

1. Depuis combien de temps est-ce que Françoise attend ?
2. Est-ce que Marc sait bien danser ?
3. Pourquoi est-elle morte de fatigue ?
4. A quelle heure sont-ils rentrés ?
5. Quand s'est-elle réveillée ?
6. Est-ce que les deux amies peuvent encore aller à la bibliothèque ?
7. Comment auront-elles les notes ? Pourquoi ?
8. Qu'est-ce qu'elles vont faire en attendant l'heure du cours ?

2 Depuis combien de temps ?

Exemple : Il est sept heures. Jean-Pierre est parti à six heures et demie.
→ Il est parti depuis une demi-heure.
ou : Il y a une demi-heure qu'il est parti.
1. Il est dix heures. Pierre est sorti à huit heures.
2. C'est le 30 septembre. Jean est arrivé à Paris le 1ᵉʳ septembre.
3. C'est dimanche. Nathalie est rentrée vendredi.
4. Il est dix heures et demie et il attend. Mon frère est arrivé à neuf heures.
5. C'est le mois d'avril. Antoine est rentré à l'Université en novembre dernier.

3 Répondez oui.

Exemples : Ils vont au cours ?   → Oui, ils y vont.
Il fait des mathématiques ? → Oui, il en fait.
1. Il prend beaucoup de notes ?
2. Vous allez tous les mois à Paris ?
3. Tu penses souvent à tes parents ?
4. Elle est allée en ville ?
5. Vous aurez assez de pain ?

4 Écrivez.

Un ami vous invite à passer le dimanche chez lui mais vous ne pouvez pas y aller.
Vous lui écrivez pour le remercier et pour vous excuser.

Proverbe : Mieux vaut tard que jamais.

1

Vous avez un rendez-vous et vous arrivez en retard. Qu'est-ce que vous dites ?

La jeune fille au garçon : Oh ! je suis désolée. Excuse-moi. Tu n'es pas fâché au moins ? Je suis venue vite, tu sais.
Le garçon (s'il est gentil) : N'en parlons plus. Je sais bien que tu es toujours en retard.
Le garçon (s'il n'est pas gentil) : Vingt-cinq minutes de retard ! Tu ne pourras donc jamais être à l'heure !

2

Le garçon : Je suis vraiment désolé de vous faire attendre, Madame, et je vous présente mes excuses.
La dame : Vous êtes là, c'est l'essentiel. Nous pouvons commencer maintenant, jeune homme.

3

Monsieur Girard est invité à dîner chez les Julien. Tout le monde est déjà arrivé, on n'attend que lui. Le téléphone sonne : c'est monsieur Girard.

M. Girard : Madame Julien ? Bonsoir, chère Madame. Je suis désolé de ne pas être encore chez vous. J'attends un coup de téléphone très important de Milan, et je ne peux pas partir du bureau. Je vous prie de m'excuser.
Mme Julien : Ça ne fait rien. Nous vous attendons.
M. Girard : Non, non ! Ne m'attendez pas, je vous en prie ! Commencez sans moi.
Mme Julien : Mais non ! Vous n'aurez pas d'apéritif, voilà tout !

4

Les bonnes formules :

Je suis vraiment désolé(e) de vous faire attendre.
Je regrette de vous faire attendre.
Excusez-moi.
Je vous présente mes excuses.
Je vous prie de m'excuser.
Voulez-vous m'excuser.

Les bonnes explications :

Je suis en retard parce qu(e) :
— il est impossible de trouver un taxi,
— les autobus n'avancent pas (ou bien :
ils sont toujours complets),
— le professeur finit toujours son cours
avec un quart d'heure de retard.

Il est important d'arriver à l'heure :

— à un rendez-vous d'affaires;
— et même à un rendez-vous amical ou
sentimental;
— pour prendre un train ou un avion.

*En France, il est recommandé d'être un peu en
retard :*

— à un cocktail;
— à une réception;
— et même à un déjeuner ou à un dîner.
Si on vous dit : « Venez vers 7 heures et
demie », n'arrivez jamais à 7 h 30 précises
ni même à 7 h 31. Arrivez à 7 h 45.

1. L'ARRIVÉE DE L'ONCLE SERGE

Je suis allé attendre mon oncle

Serge à Orly. Il habite en Afrique depuis quelques années, et il vient en France tous les ans passer ses vacances. Nous l'aimons tous beau- 5
coup parce qu'il nous rapporte chaque fois des cadeaux extraordi- naires, et qu'il a toujours des histoires à raconter.

Son avion est arrivé avec un peu de retard; alors je suis resté à regarder 10
les départs et les arrivées des Boeings

et des Caravelles.
« Air-France annonce l'arrivée du vol 371 venant de Dakar, porte n° 42. »

C'est bien l'avion d'oncle Serge : il 15
est descendu le premier. Ce n'est pas difficile de le reconnaître : il mesure un mètre quatre-vingt-dix, et il a une

belle barbe.
Philippe : Bonjour, Oncle Serge ! Com- 20
ment vas-tu ?
L'oncle Serge : Très bien, mon garçon, et toi ? Allons vite à la maison; j'ai

envie d'embrasser ta mère et ta sœur, et de raconter à ton père ma dernière 25
chasse.

Philippe : Tu nous apportes des pho- tos, n'est-ce pas ?
L'oncle Serge : Bien sûr, et aussi des cadeaux. Chut ! Je ne veux pas en 30
parler maintenant. Mais je suis sûr qu'ils vous plairont.
Philippe : Oh ! Oncle Serge, dis-moi ! Qu'est-ce que tu vas me donner ?
L'oncle Serge : Non, non. Je ne dirai 35
rien. Allons vite chercher mes

bagages et prendre un taxi.

2. LA PETITE SŒUR

Anne Ledoux, c'est moi! Je suis la sœur de Philippe et de Sylvie. Vous les connaissez bien, n'est-ce pas? Et peut-être vous les trouvez sympathiques. Pas moi? Oh! si... Enfin, 5 vous comprenez, c'est différent. Ce n'est pas toujours facile de vivre avec un grand frère et une grande sœur, quand on est le dernier enfant de la famille. Je n'aime pas du tout ce 10 mot « enfant », d'ailleurs. Après tout, j'ai quatorze ans, et je suis presque aussi grande que Nathalie, une amie de Sylvie qui en a dix-neuf.

Donc, Sylvie et Philippe sont quel- 15 quefois gentils, quelquefois impossibles. Par exemple, Sylvie me laisse porter ses chandails et joue au ping-pong avec moi; Philippe m'offre des

gâteaux quand il a de l'argent 20 ou m'emmène au cinéma. Mais j'entends souvent « Tu es trop petite », ou « Tu es trop jeune », chaque fois qu'il y a quelque chose de vraiment intéressant, à la télévision surtout. 25 Il est vrai que je n'ai pas beaucoup de temps. Vous me croirez si vous voulez, mais j'ai plus de travail au lycée que Philippe et Sylvie à la Sorbonne. Écoutez : Philippe fait de l'an- 30 glais, j'en fais aussi; Sylvie fait du latin et de la littérature, j'en fais aussi, et, en plus, j'étudie les mathématiques, l'histoire, la géographie et le

grec. Philippe va à la Sorbonne trois 35

fois par semaine, Sylvie, quatre fois. Moi, je vais au lycée tous les jours, de huit heures et demie à onze heures et demie, et de deux heures à quatre heures. Vous voyez! Et quand j'arrive 40 à la maison vers cinq heures, j'ai encore deux ou trois heures de travail pour faire mes devoirs. Je travaille beaucoup plus qu'eux.

Heureusement, il y a le jeudi. C'est 45 un jour merveilleux! Je fais tous mes devoirs le mercredi soir, et le jeudi je vais à un cours de danse avec ma

meilleure amie; puis je goûte chez elle, ou elle, chez moi. Nous écoutons 50 des disques, nous parlons des garçons d'Henri IV (1). J'en rencontre un tous les matins : il habite tout près de chez moi. Il est en troisième et il veut être médecin. Isabelle (c'est mon 55 amie) ne le trouve pas beau; elle a tort. Mais je suis bien trop jeune pour

penser à me marier! Avant, je veux faire beaucoup de choses. Isabelle

veut être danseuse ou mannequin; 60 moi, je veux aller en Afrique. Vous savez pourquoi? Eh oui! l'oncle Serge... Mais j'ai encore le temps d'y penser.

(1) Lycée Henri IV : Lycée de garçons situé au Quartier-Latin.

17

2 | Projets de sortie

Claire : Où irons-nous dimanche prochain ?

Jean-Pierre : Nous pourrons aller à la campagne, s'il fait beau.

Claire : La forêt de Fontainebleau doit être très belle en ce moment.

Brigitte : Non, pas encore. L'automne est en retard cette année.

Jean-Pierre : C'est vrai. Je viens d'y aller.

Jean-Pierre : Il y a encore autant de feuilles vertes que le mois dernier.

Claire : Ça ne fait rien. J'ai besoin d'air après un mois de travail si fatigant.

Brigitte :	N'as-tu pas un exposé à faire bientôt ?
Claire :	Si, mais je ne veux pas y penser le dimanche.
Jean-Pierre :	Comment ira-t-on à Fontainebleau ?
Brigitte :	Avec la voiture de papa, s'il veut bien te la prêter.
Jean-Pierre :	Je vais la lui demander.
Jean-Pierre :	Dimanche après-midi, les voisins viennent chez nous voir un match de rugby à la télévision.
Brigitte :	Alors, il ne te la refusera pas.

En automne,
les arbres perdent leurs feuilles.

En hiver,
il pleut et il neige. Il fait froid.

Au printemps, il fait beau,
les fleurs s'ouvrent dans les jardins.

En été,
tout le monde pense aux vacances.

Offrez des fleurs.

Un bouquet... de violettes   ... de roses   ... de tulipes

Dites-le avec des fleurs !

Un pique-nique

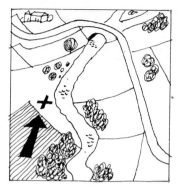

Nous connaissons
un endroit merveilleux

pour pique-niquer
au bord d'une rivière.

Pour y aller, il faut
traverser un grand champ.

Au bord de la rivière, il y a un petit chemin sous les branches.

L'herbe
est haute,

les fleurs
sentent bon,

les oiseaux
chantent,

il fait beau.

Comme on est bien à la campagne !

1

Quand + futur
présent

Si + présent

Comparer :

une fois	Quand vous viendrez, *futur* Si vous venez✦ *présent*		nous irons *futur* nous promener.	

plusieurs fois	Quand vous venez, *présent* Chaque fois que vous venez, Toutes les fois que vous venez,		nous allons *présent* nous promener.	

attention

✦ N'employez jamais le futur après **si** dans ce cas.

2

Comparatifs

● *avec adjectif*

Claire est	**aussi** **plus** **moins**	gentille	**que**	Juliette.

● *avec nom*

Anne a	**autant de** **plus de** **moins de**	travail	**que**	son frère. sa sœur. ses amies.

● *avec adverbe*

Jean court	**aussi** **plus** **moins**	vite	**que**	ses camarades.

Interrogation avec pourquoi ?

Exemple : Ils sont allés les voir | pour parler avec eux.

pourquoi ?

Pourquoi | est-ce qu'ils sont allés les voir ?
| sont-ils allés les voir ?

attention | Si le sujet est un nom, l'inversion se fait avec le pronom correspondant.

Tes parents sont allés les voir | pour parler avec eux.

pourquoi ?

Pourquoi | est-ce que **tes parents** sont allés les voir ?
| **tes parents** sont-**ils** allés les voir ?

Jeanne est sortie | pour aller au cinéma.

pourquoi ?

Pourquoi | est-ce que **Jeanne** est sortie ?
| **Jeanne** est-**elle** sortie ?

<table>
<tr><td>

1

Futurs irréguliers
</td></tr>
</table>

1

Futurs irréguliers

La seule irrégularité est dans le radical; les terminaisons sont les mêmes pour tous les verbes : **-ai, -as, -a, -ons, -ez, -ont.**

être	je serai	tu seras...
avoir	j'aurai	tu auras...
savoir	je saurai	tu sauras...
aller	j'irai	tu iras...
faire	je ferai	tu feras...
venir	je viendrai	tu viendras...
tenir	je tiendrai	tu tiendras...
voir	je verrai	tu verras... ʒə vɛʀe ty vɛʀa
envoyer	j'enverrai	tu enverras... ʒɑ̃vɛʀe ty ɑ̃vɛʀa
pouvoir	je pourrai	tu pourras...
courir	je courrai	tu courras... ʒə kuʀʀe ty kuʀʀa
mourir	je mourrai	tu mourras... ʒə muʀʀe ty muʀʀa
vouloir	je voudrai	tu voudras...
falloir	il faudra	
devoir	je devrai	tu devras...
pleuvoir	il pleuvra	

2

L'interrogation par inversion

● Si le verbe se termine à la 3e personne par **-t** (il vient) ou **-d** (il prend), n'oubliez pas le trait d'union : -

Fait-il de l'anglais? | Prend-elle souvent l'avion?

● Si le verbe à la 3e personne ne se termine pas par **-t** ou **-d**, ajoutez un **-t-** (entre deux traits d'union):

Aime-**t**-il le français? | Neigera-**t**-il en janvier?
Ira-**t**-il à la montagne? | Prendra-**t**-il le train?

1 Répondez (questions sur le dialogue).

1. Où pourront-ils aller se promener ?
2. Est-ce qu'il y a encore des feuilles sur les arbres ?
3. Pourquoi Claire a-t-elle besoin d'air ?
4. Qu'est-ce que Claire doit faire ?
5. Est-ce qu'elle travaille le dimanche ?
6. Comment iront-ils dans la forêt de Fontainebleau ?
7. Pourquoi le père de Jean-Pierre ne lui refusera-t-il pas la voiture ?
8. Quand commence l'automne ?

2 Faites des phrases en employant autant de, plus de, moins de... que...

Exemple : Cette année, il y a beaucoup d'étudiants en mathématiques.
→ Cette année, il y a autant d'étudiants en mathématiques que l'année dernière.
1. Cette semaine, nous avons beaucoup de leçons à apprendre.
2. Aujourd'hui, elle achète deux kilos de sucre.
3. Ce mois-ci, elle a deux exposés à faire.
4. Cet hiver, ils vont faire beaucoup de voyages.
5. Cet été, nous faisons du français.

3 Complétez les phrases d'après le modèle.

Exemples : Quand...   , vous viendrez avec nous.
→ Quand nous irons à la campagne, vous viendrez avec nous.
       Quand...   , nous regardons la télévision.
→ Quand vous venez chez nous, nous regardons la télévision.
1. Quand...   , nous irons nous promener.
2. Quand...   , nous restons chez nous.
3. Quand...   , je vous aiderai.
4. Quand...   , nous demandons à mon père de nous prêter la voiture.
5. Quand...   , j'ouvre toutes les fenêtres.

Proverbe : Après la pluie, le beau temps.

1

Anne-Marie interroge un marchand de journaux.

Anne-Marie : Pardon, Monsieur. Je cherche la rue Cardinet. Pouvez-vous me dire où elle se trouve ?
Le marchand : Juste devant vous.
Anne-Marie : Par là ?
Le marchand : Non, en face. Vous voyez le café de la Comédie ? C'est là.
Anne-Marie : Ah, oui. Merci beaucoup.

2

Madame Guérin entre dans un bureau. Deux employées parlent ensemble.

Madame Guérin : Excusez-moi, Mesdemoiselles. Le bureau des renseignements, c'est bien ici ?
Une des employées : Oui, de quoi s'agit-il ?

3

Au lycée Henri IV.

Hervé : Alain, tu as ton dictionnaire d'anglais ?
Alain : Oui, tu en as besoin ?
Hervé : Oui. Est-ce que tu peux me le prêter ?
Alain : D'accord. Mais rends-le-moi avant quatre heures. Il me le faut ce soir.
Hervé : C'est entendu. Merci, mon vieux.

A la bibliothèque.

Un monsieur : Pardon, Mademoiselle. Ne trouvez-vous pas qu'il fait trop chaud ? Est-ce que je peux ouvrir la fenêtre ?
La jeune fille : Faites donc. Je vous en prie.
Le monsieur : Merci, Mademoiselle.

Dans le métro.

Une étrangère : Pardon, Madame. Est-ce que vous pouvez m'aider ? Je suis étrangère et je ne connais pas encore le métro parisien.
Mme Girard : C'est très simple, vous allez voir. Où voulez-vous aller ?
L'étrangère : A Convention.
Mme Girard : Bon. Venez avec moi regarder le plan de Paris. Vous cherchez Convention sur la liste des stations, et vous appuyez sur le bouton. Voilà, vous n'avez plus qu'à regarder sur le plan.
L'étrangère : C'est très pratique. Je dois donc changer à Montparnasse.
Mme Girard : C'est bien ça, et vous prenez la direction Étoile.
L'étrangère : Merci beaucoup, Madame.

1. PARIS-CLERMONT-FERRAND

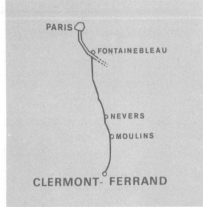

M. Benoît : Quelle est la meilleure route pour aller à Clermont-Ferrand ?
M. Tardieu : Je peux vous le dire, j'y suis allé la semaine dernière.
M. Benoît : Je vous écoute.   5

M. Tardieu : Prenez l'autoroute du Sud pour sortir de Paris. Il y a toujours beaucoup de voitures, mais on peut rouler assez vite.
M. Benoît : Oui, je n'aime pas beau- 10
coup les autoroutes, moi non plus, mais je suis d'accord avec vous, c'est plus rapide. Donc, je prends l'autoroute.
M. Tardieu : Bon. Mais ne la sui- 15
vez pas jusqu'au bout. Prenez une route à droite à dix kilomètres de Fontainebleau. Elle suit une petite

rivière et traverse de jolis villages.
M. Benoît : Bon, je vois. Je suis la 20
route jusqu'à Nevers ?
M. Tardieu : C'est ça ! Vous devez visiter Nevers, naturellement ! Moi, je m'y suis arrêté pour déjeuner : on y mange très bien, vous savez.   25
M. Benoît : Oui, on le dit. Mais je crois que je n'aurai pas le temps de faire un déjeuner gastronomique. Je veux arriver à Clermont-Ferrand dans l'après-midi.   30
M. Tardieu : Faites attention à la sortie de Moulins : je me suis perdu la semaine dernière. Ne faites pas comme moi : prenez bien la route de Clermont-Ferrand. Vous la trouverez 35

à droite. Tenez, gardez cette carte.

Ça vous aidera. Vous me la rendrez quand vous reviendrez.
M. Benoît : Merci beaucoup.

2. TOUS LES PARISIENS SONT COMME ÇA !

Monsieur et madame Benoît cherchent une maison à la campagne.

Madame Benoît a envie d'avoir de l'herbe devant sa porte et des roses sous ses fenêtres. Monsieur Benoît 5

rêve d'aller à la chasse avec son chien. Quand il rentrera le soir,

avec un sac plein, ses amis diront : «Bravo !», et monsieur Benoît répondra : « Vous savez, ce n'est pas diffi- 10

cile. » Devant un grand feu, au dîner,

monsieur Benoît leur offrira le poulet de la ferme, la salade du jardin, les fromages de la ferme, les fruits du jardin. C'est bien meilleur qu'à Paris ! 15 Le lendemain, les amis repartiront, enchantés : « Merci, mille fois. C'est si agréable ! Vous avez de la chance de passer vos week-ends à la campagne. » 20 Oui, mais il faut la trouver, cette maison ! Chaque dimanche, monsieur et madame Benoît explorent les petits villages. Ils demandent à la boulangère, au garçon de café, au boucher, 25 à tout le monde. Il doit bien y avoir dans un petit coin de forêt la jolie petite maison... Ils en rêvent.

Bonne chance, Monsieur et Madame Benoît. Nous viendrons vous 30 voir quand vous aurez vos roses et vos salades.

3 | L'accident

Jean-Pierre : Allô ! C'est toi, papa ?

M. Molinier : Oui. Pourquoi m'appelles-tu à cette heure-ci ?

Jean-Pierre : Oh ! Pour rien. Qui a gagné la partie ?

M. Molinier : Toulouse. C'est vraiment pour ça que tu me téléphones ?

Jean-Pierre : Non, évidemment. Nous avons eu un petit ennui sur la route.

M. Molinier : Qu'est-ce qui vous est arrivé ?

Jean-Pierre : Nous sommes dans un garage près de Fontainebleau.

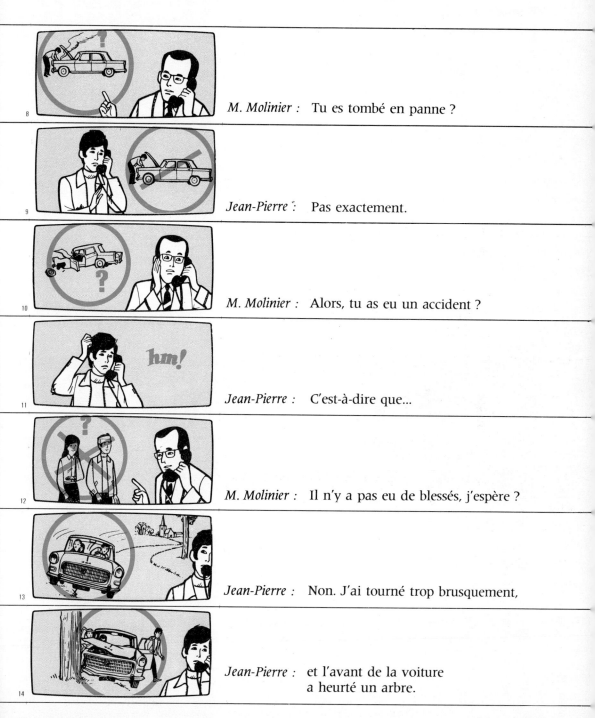

M. Molinier : Tu es tombé en panne ?

Jean-Pierre : Pas exactement.

M. Molinier : Alors, tu as eu un accident ?

Jean-Pierre : C'est-à-dire que...

M. Molinier : Il n'y a pas eu de blessés, j'espère ?

Jean-Pierre : Non. J'ai tourné trop brusquement,

Jean-Pierre : et l'avant de la voiture
a heurté un arbre.

Conseils aux automobilistes

Ne roulez pas trop vite. Il faut 113 mètres pour freiner
quand vous roulez à 120 kilomètres à l'heure.

  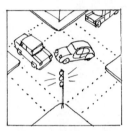 

Démarrez lentement.   Arrêtez-vous   Conduisez   Freinez avant
                      aux feux rouges.   prudemment en ville.   les tournants.

L'automobile

Elle monte à l'avant à côté du chauffeur. Ils ont mis les valises à l'arrière.

Jean   Il change   Il prend de l'essence
est au volant.   sa roue.   à la station-service.

Il est en panne,

le mécanicien réparera le moteur.

Apprenez le code de la route :

Sens interdit.

Vitesse limitée.

Défense de stationner.

C'est un vieux modèle.

Elle a ▶ le dernier modèle,
le nouveau modèle.

Il ne s'intéresse
qu'aux voitures,

qu'aux sports,

qu'aux études.

3 | *grammaire*

1 Formation du passé composé	●	avec **être**	

14 verbes et leurs composés	**Exemples :**
aller venir passer entrer sortir rester arriver partir tomber monter descendre devenir naître mourir	Il est allé la voir. Elle est née en 1958.
tous les verbes pronominaux	Elle s'est couchée à huit heures. Ils se sont rencontrés hier après-midi.

● avec **avoir**

tous les autres verbes et même le verbe **avoir**	J'ai eu peur. Il lui a offert un livre.

2 Interrogations		
A combien ?	A quelle vitesse ?	A quelle distance ?

Il roule

à 80 km à l'heure.

▼

à combien ?
à quelle vitesse ?

▼

A combien	est-ce qu'il roule ?
A quelle vitesse	roule-t-il ?

Le garage est à 5 kilomètres du village.

A combien de kilomètres
A quelle distance | est le garage ?

attention Paris est à 500 kilomètres de Strasbourg.

Quelle est la distance de Strasbourg à Paris ?

3
Interrogations

Qui **Qu'**	est-ce que	**qui ?** **que ?**

● **sujet**

personnes			**Qui** ou encore	est-ce	**qui**	est venu ?
Quelqu'un Jean On	est venu.		**Qui**	→ →	→	est venu ?
Des gens	sont venus.					
choses			**Qu'**	est-ce	**qui**	est	arrivé ?
Quelque chose Un arbre Des autobus	est arrivé. est tombé. sont passés.						tombé ? passé ?

● **objet**

Tu as vu	*personnes* Jean. tes amis.		**Qui**	est-ce	**que**	tu as vu ?
Tu as heurté	*choses* un arbre. des chaises.		**Qu'**	est-ce	**que**	tu as heurté ?

1
**Participes
passés
réguliers**

● **Infinitifs en -er → participes passés en -é**

arriver	arrivé	
aller	allé	aucune exception
manger	mangé	

● **Infinitifs en -ir → participes passés en -i**

finir	fini	**exceptions :**	couru
choisir	choisi	courir, tenir, venir → **-u**	tenu
partir	parti		venu
sortir	sorti	ouvrir, offrir → **-ert**	ouvert
etc.			offert
		mourir → **mort**	

● **La majorité des autres verbes ont un participe passé en -u**

descendre	descendu	
vendre	vendu	
attendre	attendu	**attention :**
entendre	entendu	prendre → pris
perdre	perdu	mettre → mis
battre	battu	asseoir → assis
vouloir	voulu	
savoir	su	
répondre	répondu	

2
**Prononciation
de -er
en finale**

● **En général, prononcez** e **si :**

-er est le signal de l'infinitif d'un verbe :	bouger
	détester
-er est la terminaison d'un nom comme :	le boucher
	le boulanger
-er est précédé de j:	du papier, un cahier,
	le courrier, le mois dernier.

● **Prononcez** ɛʀ **dans les mots suivants :**

hier
l'hiver
la mer.

attention

● ɛʀ = **ère est en général un signal du féminin :**

Le mois dernier *mais* la semaine dernière.
Il est descendu le premier *mais* elle est descendue la première.
La mère *(attention : le père, le frère).*

1 **Répondez (questions sur le dialogue).**

1. Pourquoi Jean-Pierre téléphone-t-il à son père ?
2. Est-ce qu'il veut vraiment savoir qui a gagné la partie ?
3. Qu'est-ce qui est arrivé aux jeunes gens ?
4. Est-ce qu'ils ont eu une panne ?
5. Est-ce qu'ils ont eu un grave accident ?
6. Qu'est-ce qui s'est passé ?
7. Où se sont-ils arrêtés ?
8. Est-ce qu'ils pourront rentrer à Paris avec la voiture ?

2 **Trouvez la question.**

Exemples : Paris est à 800 km de Marseille. → Quelle est la distance de Paris à Marseille ?
Ils ont conduit à 100 km à l'heure. → A quelle vitesse ont-ils conduit ?
1. Le lycée est à 3 km de chez moi.
2. Il a roulé à 130 km à l'heure sur l'autoroute.
3. Le prochain village est à 15 km de chez mes amis.
4. Nous avons conduit à 150 km à l'heure.
5. Il y a 600 km de Paris à Bordeaux.

3 **Inventez des réponses.**

Exemple : Qui est-ce que vous avez vu ? → J'ai vu le facteur.
1. Qu'est-ce que vous avez acheté ?
2. Qui est-ce qui a appelé ?
3. Qu'est-ce qui a heurté la voiture ?
4. Qui est-ce que vous avez conduit en voiture ?
5. Qu'est-ce qui est tombé ?

4 **Imaginez le dialogue.**

Votre père vous a donné de l'argent pour acheter des livres et vous l'avez perdu.
Vous le lui dites.

Proverbe : Faute avouée est à moitié pardonnée.

1

*Alain Lafarge ne parle pas beaucoup ce matin.
Son ami Hervé Guérin veut savoir pourquoi.*

Hervé : Qu'est-ce que tu as, Alain ?
Alain : Je suis bien ennuyé.
Hervé : Ah, oui. Pourquoi ?
Alain : Tu sais que Jean-Paul m'a prêté sa bicyclette hier ?
Hervé : Oui, et alors ? Elle ne marche pas ?
Alain : Si, mais je suis tombé et j'ai cassé la roue avant.
Hervé : Aïe, aïe, aïe ! Jean-Paul ne va pas être content.
Alain : Eh, non. Aussi je n'ose même pas lui en parler.
Hervé : Il le faut, mon vieux. Courage ! Je viens avec toi. A deux, ce sera plus facile.

2

Madame Guérin a de la chance d'avoir une fille qui l'aide. Mais aujourd'hui, Delphine n'est pas très contente d'elle...

Mme Guérin : Alors, Delphine, tu as fini de repasser ?
Delphine : Oui, maman.
Mme Guérin : C'est très bien. Merci beaucoup. Tu m'aides vraiment.
Delphine : Tant mieux. Mais...
Mme Guérin : Mais quoi ? Tu as fini ou tu n'as pas fini ?
Delphine : J'ai fini, mais...
Mme Guérin : Qu'est-ce que tu veux dire avec tes « mais » ? Parle.
Delphine : Oh, ce n'est pas facile à dire.
Mme Guérin : Qu'est-ce que tu as fait ?
Delphine : Eh bien, j'ai brûlé ta robe en soie.
Mme Guérin : Ma robe bleue ?
Delphine : Oui. Je suis désolée. Quand le fer est trop chaud, il...
Mme Guérin : Je vois...

3

Le directeur appelle sa secrétaire.

Le directeur : Madame, est-ce que la Maison Coplan a répondu à notre lettre ?

Mme Martin : Non, Monsieur, je n'ai rien reçu de la Maison Coplan.

Le directeur : Tiens, tiens... Ils ont pourtant ma lettre depuis trois jours, n'est-ce pas ?

Mme Martin : Oui, enfin...

Le directeur : Qu'est-ce que vous voulez dire ?

Mme Martin : C'est-à-dire que...

Le directeur : Eh bien quoi ? Cette lettre, je l'ai bien signée ?

Mme Martin : Vous l'avez bien signée, Monsieur, mais elle n'est pas partie.

Le directeur : Comment ? Elle n'est pas partie ? Pourquoi ne me l'avez-vous pas dit ?

Mme Martin : Je n'ai pas osé, Monsieur le directeur.

Le directeur : Pas osé. Pourquoi ? Il s'agit d'une très grosse affaire. Vite, appelez-moi la Maison Coplan. Il faut tout leur expliquer par téléphone.

4

Hervé rentre du lycée. Son père est déjà là.

M. Guérin : Alors, Hervé, cette composition de chimie ?

Hervé : Ah, oui. Nous avons les notes... Tu sais, je ne suis pas très fort en chimie.

M. Guérin : Tu veux dire que tu as une mauvaise note

Hervé : C'est que...

M. Guérin : Tu n'oses pas me le dire ? Allons, un peu de courage ! Décide-toi.

Hervé : J'ai eu deux sur vingt.

M. Guérin : Deux sur vingt ! Et c'est la plus mauvaise note de la classe, n'est-ce pas ?

Hervé : Oui, je suis dernier.

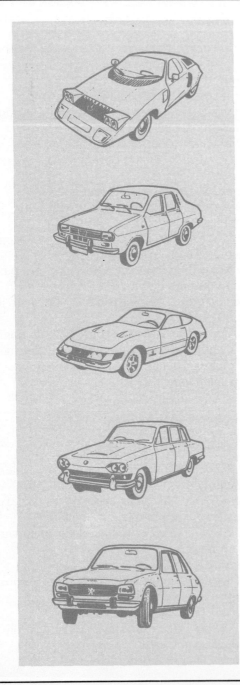

1. AU SALON DE L'AUTO

Voici toutes les nouvelles voitures de l'année : les françaises, bien sûr, mais aussi les italiennes, les allemandes, les anglaises, les suédoises, les américaines, les russes... Les voitures de tous les pays sont là : les plus chères, les plus grosses, les plus rapides. 5

En France, il y a une voiture pour cinq personnes, et on va au Salon de l'auto pour choisir, mais aussi pour rêver... 10

Antoine Rigault se promène, regarde à droite, à gauche. « Guy m'a dit de voir la Jaguar de luxe, Paule a surtout aimé la Ferrari grand sport, et Marc a trouvé la Cadillac extraordinaire... Bien sûr... elles sont belles, mais elles sont si chères. Elles sont aussi un peu grosses pour les rues de Paris, et puis elles ont besoin de tant d'essence ! Voyons maintenant les voitures françaises : elles sont jolies aussi. La D S Citroën est beaucoup trop chère pour moi, hélas ! Alors, voyons... Une Simca verte ou une 504 blanche ? Peut-être une R 16 rouge ou une <u>toute petite 2 CV grise</u> 15 20 25

comme <u>une souris</u>... Je vais demander les <u>prix et aussi les couleurs.</u> Monique ne s'intéresse pas au moteur, seulement à la forme et à la couleur. Mais une voiture n'est pas une robe... 30

2. LES FEMMES AU VOLANT

Les hommes disent :

« Les femmes ne savent pas conduire.
Elles démarrent sans regarder derrière elles.
Elles roulent trop lentement en ville ₅
parce qu'elles regardent les magasins.
Elles s'arrêtent brusquement si elles
voient une jolie robe.
Et, derrière elles, si on n'a pas le
temps de freiner, c'est l'accident. ₁₀
Elles s'arrêtent au milieu de la rue
pour bavarder avec une amie.

Elles sortent la main gauche quand
elles veulent tourner à droite.

Elles font des sourires aux agents de ₁₅
police quand elles ont oublié de s'arrêter au feu rouge... et ils sont gentils !
Elles veulent toujours passer les premières sur la route, et puis elles font
du cinquante à l'heure devant votre ₂₀
nez.
Mais elles ont moins d'accidents que
les hommes. »
Mesdemoiselles, répondez !

4 | Finis, les examens !

Jean-Pierre : Tu as vu la nouvelle dans le journal ?

Jacques : Non, je n'ai rien vu.
Je n'ai pas encore lu le journal,
aujourd'hui.

Jean-Pierre : C'est la nouvelle
la plus extraordinaire de l'année !

Jean-Pierre : Tu n'as vraiment rien remarqué ?

Jacques : Non. Je n'ai rien lu,
rien vu, rien entendu.

Jean-Pierre : Voyons ! Un événement aussi important,
ça n'arrive pas tous les jours !

Jacques : Allons ! Ça suffit !
Qu'est-ce qui s'est passé ?

Jean-Pierre : Ça y est ! On a supprimé les examens !

Jean-Pierre : Tu te rends compte !
Nous n'aurons plus d'examens à passer.

Jacques : C'est impossible. Tu t'es trompé.

Jean-Pierre : Mais non. Lis toi-même.
C'est là, en première page.

Jacques : Mon pauvre Jean-Pierre !
Tu n'as lu que le titre :

Jacques «Le ministre supprime
les examens actuels».

Jacques Mais il les a déjà
remplacés par d'autres !

Quelques journaux français

Une nouvelle de l'étranger

Ce doit être une fausse nouvelle !

Le plus intéressant
des journaux pour les jeunes :

Ce journal est différent
des autres.
Il ne fait pas de politique.
Il ne donne pas seulement
les dernières nouvelles...
On y trouve des articles
sur tous les sujets.

La page des sports ,   de la mode ,   des arts,   et des sciences .

Il y a beaucoup de revues pour les jeunes en France.

Des nouvelles !

Une bonne nouvelle.
Quelle joie !

Une mauvaise nouvelle.
Quel malheur !

Dans le journal,
François ne s'intéresse
qu'aux nouvelles politiques,

Antoine ne lit que
les articles sur les
problèmes économiques,

et Véronique
ne regarde
que la publicité !

45

4 | *grammaire*

1

Superlatif

● L'adjectif est **avant** le nom :

Exemples :

C'est une petite maison.	▶ C'est **la plus** petite maison **de** la ville.
C'est un bon boulanger.	▶ C'est **le meilleur** boulanger **de** la rue.
C'est une grande ville.	▶ C'est **la plus** grande ville **des** États-Unis.

● L'adjectif est **après** le nom :

C'est un élève intelligent.	▶ C'est l'élève **le plus** intelligent **de** la classe.
Ce n'est pas une voiture rapide.	▶ C'est la voiture **la moins** rapide **du** Salon de l'auto.

attention Seule la préposition **de** et les formes contractées **du** et **des** peuvent suivre un superlatif.

2

Pronoms réfléchis

Lis Conduis Fais-le	**toi-même.**	Lisez Conduisez Faites-le	**vous-même(s).**

Je l'ai écrit **moi-même.**	Ils l'ont remercié **eux-mêmes.**
Nous l'avons acheté **nous-mêmes.**	Elles y ont pensé **elles-mêmes.**

3

Négation

Déjà ≠ Ne ...pas encore

Il a **déjà** lu le journal.	▶ Il **n**'a **pas encore** lu le journal.
Il les a **déjà** vus.	▶ Il **ne** les a **pas encore** vus.

Quelqu'un ≠ Personne	Quelque chose ≠ Rien

- **sujet :**

Quelqu'un On	a supprimé les examens.	▶ Personne	n'	a supprimé les examens.
Quelque chose	a changé.	▶ Rien		a changé.

- **objet :**

Il voit	quelqu'un. quelque chose.	▶ Il ne voit	personne. rien.
mais			
Il a vu	quelqu'un. quelque chose.	▶ Il n'a	vu rien vu.	personne.

attention
- N'utilisez pas **pas** avec **personne** et **rien.**
- Remarquez la place de **rien** au passé composé.

Encore Toujours ≠ Ne... plus

Il y a **encore** du pain. ▶ Il **n'**y a **plus** de pain.

Il l'aime **toujours.** ▶ Il **ne** l'aime **plus.**

Ne... que...

Il voit **seulement** le titre. ▶ Il **ne** voit **que** le titre.

Elle a regardé **seulement**
la première page. ▶ Elle **n'**a regardé **que**
la première page.

4 | *orthographe et prononciation*

<table>
<tr><td>**1**</td><td>participes passés en **-é**</td><td>être
naître</td><td>été
né</td></tr>
<tr><td rowspan="8">**Participes passés irréguliers**</td><td rowspan="8">en **-i**, **-it**, **-is**</td><td>suivre</td><td>suivi</td></tr>
<tr><td>rire
dire
écrire
conduire</td><td>rit
dit
écrit
conduit</td></tr>
<tr><td>asseoir</td><td>assis</td></tr>
<tr><td>prendre
apprendre
comprendre</td><td>pris
appris
compris</td></tr>
<tr><td>mettre</td><td>mis</td></tr>
</table>

	en **-ait**	faire	fait fɛ
	en **-ert**	ouvrir offrir	ouvert offert
	en **-ort**	mourir	mort

<table>
<tr><td rowspan="11"></td><td rowspan="8">en **-u**</td><td>courir
tenir
venir</td><td>couru
tenu
venu</td></tr>
<tr><td>lire</td><td>lu</td></tr>
<tr><td>plaire</td><td>plu</td></tr>
<tr><td>avoir</td><td>eu   y</td></tr>
<tr><td>savoir
voir
pouvoir
devoir
recevoir</td><td>su
vu
pu
dû
reçu</td></tr>
</table>

attention	**plaire** et **pleuvoir** ont le même participe passé : **plu**	pleuvoir croire boire	plu cru bu

2	**-al** ▶ **-aux**	un journ**al** un train spéci**al**	des journ**aux** des trains spéci**aux**
Pluriels irréguliers	**-eau** ▶ **-eaux**	un morc**eau** un gât**eau**	des morc**eaux** des gât**eaux**

attention	monsieur messieurs madame mesdames	un repa**s** un gen**ou**	des repa**s** des gen**oux**

on dit : un œil *mais* des yeux

---

1 **Répondez (questions sur le dialogue).**

1. Est-ce que Jacques a lu le journal ?
2. Qu'est-ce qu'il a vu ?
3. Est-ce qu'il se passe souvent des événements aussi importants ?
4. Qu'est-ce qu'on a fait ?
5. Pourquoi Jean-Pierre est-il si content ?
6. Est-ce que la chose est possible ?
7. Pourquoi est-ce que Jean-Pierre s'est trompé ?
8. Pourquoi a-t-on supprimé les examens ?

---

2 **Mettez au superlatif.**

Exemple : Dans la ville, il y a une toute petite maison.
→ Oui, c'est la plus petite maison de la ville.
1. Dans cette ville, il y a un très grand restaurant.
2. Dans ce journal, il y a un très bon article.
3. Au Salon de l'auto, il y a une voiture très rapide.
4. Dans cette rue, il y a un très beau magasin.
5. Dans ce jardin, il y a un très bel arbre.

---

3 **Complétez le dialogue suivant.**

M. et Mme Dumontier rentrent de voyage. Ils parlent à la concierge, Mme Tramont :
— Vous avez vu quelqu'un hier matin ? — Non, je...
— Le facteur n'a rien apporté pour nous ? — Si, il...
— Et personne n'est venu nous voir ? — Non,...
— Tiens, quelque chose a changé dans notre appartement ! — Mais non,...
— Mais si ! Vous avez fait le ménage. Merci, Madame Tramont.

---

4 **Exagérez...**

Vous voulez vendre votre voiture. Dites pourquoi elle est excellente.

Proverbe : Il ne faut pas vendre la peau de l'ours avant de l'avoir tué.

1

Mes amis sont de vrais sportifs. Écoutez-les.

Hervé : L'équipe de football du lycée est la meilleure de France.
Alain : Oh ! oh ! tu exagères un peu !
Hervé : Pas du tout. Nous avons un excellent avant-centre.
Alain : Mais il n'a jamais joué avant cette année.
Hervé : Notre gardien de but est merveilleux.
Alain : Oui, mais il laisse passer le ballon...
Hervé : Et tous les autres joueurs sont bons.
Alain : Alors, pourquoi avez-vous perdu dimanche dernier ?
Hervé : Nous n'avons pas eu de chance, voilà tout !

2

Sur le boulevard des Italiens, il y a beaucoup de monde. Il faut aller voir.

Le camelot : Approchez, Mesdames et Messieurs. Venez voir. Vous allez perdre cinq minutes qui vont vous faire gagner des heures chaque jour. Venez admirer l'invention la plus merveilleuse, la plus sensationnelle de l'année. Vous ne le croyez pas, Monsieur ? Eh bien, écoutez et regardez. Cette petite boîte en fer peut tout faire. Je dis bien tout. Vous ajoutez ceci et vous n'avez plus besoin de personne pour faire le ménage. Vous la tournez de ce côté, et elle vous réveille chaque matin. Vous la tournez comme ça, et elle fait la meilleure mayonnaise en deux secondes. Vous ne pourrez plus vous passer de cet appareil merveilleux, extraordinaire, que je vends aujourd'hui seulement au prix de vingt-neuf francs. Approchez, Mesdames et Messieurs, il y en aura pour tout le monde !

3

Les vacances viennent de finir, mais les lycéens en parlent encore.

Delphine : Alors, Jean-Paul, parle-nous un peu de tes vacances.

Jean-Paul : Oh! J'ai passé les meilleures vacances de ma vie. Je suis allé chez des gens charmants. Ils ont un château perdu dans la forêt, un vrai château, avec un fantôme.

Delphine : Oh! ça c'est trop! Nous ne te croyons plus.

Jean-Paul : Vous avez tort. J'ai pêché le saumon. J'en ai pris un de dix kilos.

Delphine : Oh!

Jean-Paul : Mais oui. Long comme ça.

Delphine : Tu ne trouves pas qu'il exagère?

Bernadette : Bien sûr que si, comme d'habitude. Il a sans doute passé ses vacances en Bretagne dans une maison de pêcheurs, et il a pris des petits poissons comme tout le monde.

4

Ce n'est pas toujours facile de trouver l'appartement qui vous plaît. Sylviane Lafont a eu de la chance.

Mme Guérin : Allô, Sylviane. Quoi de neuf?

Mme Lafont : Ça y est! Nous avons trouvé un appartement!

Mme Guérin : C'est une grande nouvelle! Comment est-il?

Mme Lafont : Magnifique!

Mme Guérin : Bravo! Dis-moi comment il est.

Mme Lafont : Il y a de grandes pièces, une cheminée splendide, un jardin immense!

Mme Guérin : Tu n'es pas très précise!

Mme Lafont : Viens le voir et tu diras comme moi.

Journal

accident mort et blessés

Les gendarmes sur les lieux de l'accident

mars. — Une voiture
ant 4 personnes
gros camion sur
de Paris à Orléans
chauffeur est mort
autres sont blessés.

avec Johns
elle aurait dé
...et sans danger p
ses mains

1. UNE BONNE NOUVELLE POUR LES ÉTUDIANTS

«Cette année, les étudiants et les lycéens
pourront partir plus tôt en vacances. Le
Ministre de l'Éducation Nationale vient de
supprimer le baccalauréat et les examens
universitaires actuels.» Cette nouvelle extraordinaire a causé hier soir une grande joie
dans tous les lycées et dans toutes les uni-
versités de France. Partout, en l'apprenant,
les lycéens et les étudiants ont crié : «Vive
le Ministre !»

Beaucoup trop tôt. Quelques heures plus
tard, le Ministre a parlé des examens à la
radio et à la télévision. «Ils doivent être
changés, a-t-il dit, ils ne sont plus adaptés
au monde moderne. De nouveaux examens
sont déjà prêts pour les remplacer, et tous
les étudiants de France pourront les passer
dans deux mois.

Les étudiants et les lycéens ont déjà repris
leurs livres. Il y aura toujours des examens…

2. LAISSEZ PASSER LES JOURNALISTES...

Il y a eu un **accident aux 24 heures du Mans.** Un coureur belge a mal pris un tournant. Sa voiture est sortie de la route à 300 kilomètres à l'heure. Est-il blessé? Laissez passer les **journalistes** et, ce soir, vous saurez tout en écoutant la radio.

Le Président de la République donne un grand dîner au Château de Versailles pour **le roi et la reine du Danemark.** Que vont-ils manger? Que vont-ils se dire? Laissez passer les **journalistes** et demain vous saurez tout en lisant votre journal.

Six bébés sont nés hier à l'hôpital de Jonesville. Est-ce qu'il vont bien? Et leur maman? Que disent les docteurs? Laissez passer les **journalistes** et vous saurez tout en allant samedi soir au cinéma.

Brigitte Moreau se marie avec un ministre. Quel ministre? Quand? Où? Laissez passer les **journalistes** et, ce soir, vous saurez tout en regardant la télévision.

Les journalistes voient tout, montrent tout, expliquent tout, savent tout. Qui veut être journaliste?

5 | Silence ! On tourne...

M. Pottier : Pourquoi y a-t-il tant de monde dans notre cour, Madame Legrand ?

Mme Legrand : Quoi ! Vous ne vous rappelez pas ?

Mme Legrand : On tourne un film pour la télévision.

Mme Legrand : Je vous en ai parlé, il y a quinze jours.

M. Pottier : Ah ! C'est vrai. Que je suis bête !

M. Pottier : Racontez-moi la scène qu'ils sont en train de tourner.

Mme Legrand : C'est bien difficile à expliquer.

Mme Legrand : Il y a une demi-heure
qu'ils font la même chose.

Mme Legrand : La jeune femme
que vous voyez au fond fait trois pas
et laisse tomber un paquet.

Mmè Legrand : Le jeune homme
qui est en train de fumer
s'avance vers elle et le ramasse.

Mme Legrand : Puis on coupe et ils recommencent.

M. Pottier : C'est tout ce qu'ils font ?

M. Pottier : Ce n'est pas très amusant !

Mme Legrand : Pourtant,
on dit que ce sera un film comique.

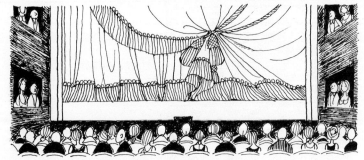

Attention, on entend
les 3 coups.

Le rideau se lève. La pièce va commencer.

Les acteurs entrent en scène.

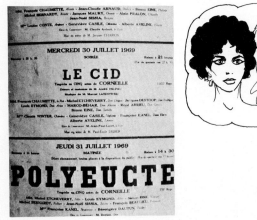

Quels sont les acteurs et
les actrices qui jouent les rôles
principaux de cette pièce ?

Beaucoup de bons acteurs jouent à la fois
au théâtre et au cinéma.

Si vous voulez choisir
un spectacle à Paris...

Vous pouvez acheter « Une semaine à Paris », ou regarder les programmes dans le journal.

Vous pouvez aussi voir
les titres sur les affiches,   dans les couloirs du métro

et dans la rue.

1

Qui, que,
pronoms
relatifs

● **qui** sujet invariable :

Je connais un étudiant. Cet **étudiant** pourra vous aider.

Je connais un étudiant **qui** pourra vous aider.

Il a conduit des voitures. Ces **voitures** font 200 km à l'heure.

Il a conduit des voitures **qui** font 200 km à l'heure.

● **que** objet invariable :

Voilà la pièce. J'ai vu cette **pièce**.

Voilà la pièce **que** j'ai vue.

Il a rencontré les acteurs. Jean connaît ces **acteurs.**

Il a rencontré les acteurs **que** Jean connaît.

2

C'est... qui...
que...

formes
d'insistance

C'est	la jeune femme	**qui**	est sortie.
	le film		vous a plu.
	le jeune homme	**que**	vous avez attendu.
	la pièce		vous avez vue.

C'est	aujourd'hui	**que**	Jean arrive.
	à lui		tu l'as donné.
	pour elle		vous l'avez fait.

attention | Ici **que** n'est pas un pronom relatif.

3

Ce qui…
Ce que…

Exemples :

C'est la chose qui t'intéresse.

C'est   **ce**   qui t'intéresse.

C'est la chose que tu veux.

C'est   **ce**   que tu veux.

4

Que
exclamatif

Exemples :

Que	je suis bête !
	c'est difficile à expliquer !
	de monde !
	nous sommes loin !
Qu'	elle est belle !
	il joue bien !
	il fait froid !
	elles sont grandes !

5

Que
conjonction

Exemples :

Je pense   (quelque chose).

Les acteurs sont dans la cour.

Je pense **que** les acteurs sont dans la cour.

Que, conjonction, relie deux propositions.

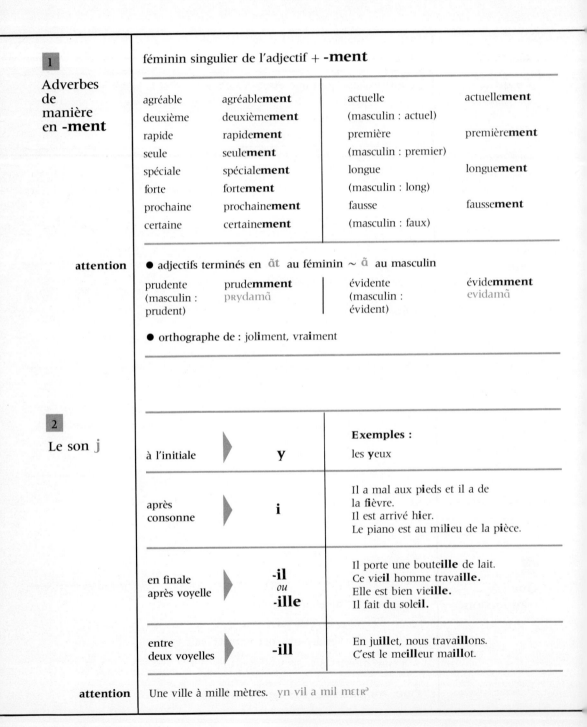

1

Adverbes de manière en -ment

féminin singulier de l'adjectif + **-ment**

agréable	agréable**ment**	actuelle	actuelle**ment**
deuxième	deuxième**ment**	(masculin : actuel)	
rapide	rapide**ment**	première	première**ment**
seule	seule**ment**	(masculin : premier)	
spéciale	spéciale**ment**	longue	longue**ment**
forte	forte**ment**	(masculin : long)	
prochaine	prochaine**ment**	fausse	fausse**ment**
certaine	certaine**ment**	(masculin : faux)	

attention

● adjectifs terminés en ãt au féminin ～ ã au masculin

prudente	prude**mment**	évidente	évide**mment**
(masculin :	ᴘʀydamã	(masculin :	evidamã
prudent)		évident)	

● orthographe de : joliment, vraiment

2

Le son j

		Exemples :
à l'initiale	**y**	les **y**eux
après consonne	**i**	Il a mal aux p**i**eds et il a de la f**i**èvre. Il est arrivé h**i**er. Le p**i**ano est au milieu de la p**i**èce.
en finale après voyelle	**-il** *ou* **-ille**	Il porte une boute**ille** de lait. Ce vie**il** homme trava**ille**. Elle est bien vie**ille**. Il fait du sole**il**.
entre deux voyelles	**-ill**	En ju**ill**et, nous trava**ill**ons. C'est le me**ill**eur ma**ill**ot.

attention

Une ville à mille mètres. yn vil a mil mɛtʀˀ

5 | *exercices*

1 **Répondez (questions sur le dialogue).**

1. Est-ce que M. Pottier se rappelle ce que la concierge lui a dit ?
2. Quand le lui a-t-elle dit ?
3. Est-ce que les acteurs font beaucoup de choses différentes ?
4. Que fait la jeune femme qui est au fond ?
5. Et le jeune homme, que fait-il ?
6. Pourquoi est-ce qu'on coupe ?
7. Combien de temps faut-il pour tourner un film ?
8. Avez-vous vu tourner un film ? Où et quand ?

2 **Répondez d'après le modèle.**

Exemples : Quand es-tu sorti, lundi ou mardi ?   → C'est lundi que je suis sorti.
        Qui s'est avancé vers elle, Pierre ou Jean ? → C'est Pierre qui s'est avancé vers elle.

1. Qui a laissé tomber cette lettre, Martine ou Nicole ?
2. A qui as-tu raconté la scène, à ton frère ou à Jean ?
3. Quand lui en as-tu parlé, hier ou il y a quinze jours ?
4. Où avez-vous passé vos vacances, à Cannes ou à Deauville ?
5. Avec qui as-tu vu ce film, avec ta sœur ou avec ta cousine ?

3 **Complétez d'après le modèle.**

Exemples : C'est le film qu'on a tourné en 1935. C'est le film qui se passe à New York.
        C'est l'amie que Juliette attend. C'est l'amie qui a trois enfants.

1. C'est le jeune homme...   6. C'est la pièce...
2. C'est la jeune femme...   7. C'est la vedette...
3. C'est l'acteur...   8. C'est l'article...
4. C'est le livre...   9. C'est le journal...
5. C'est l'histoire...   10. C'est le programme...

4 **Imaginez le dialogue.**

Vous avez oublié d'apprendre votre leçon de français. Le professeur vous interroge.

Proverbe : Un homme averti en vaut deux.

1

Anne-Marie doit aller faire des courses avec son amie Juliette.

Anne-Marie : Enfin ! Ce n'est pas trop tôt ! Je suis là depuis une demi-heure.
Juliette : Oh, mon Dieu, j'ai oublié ! Je suis désolée.
Anne-Marie : Heureusement, j'ai du temps à perdre...
Juliette : J'ai eu une matinée très fatigante. Tu ne m'en veux pas trop ?
Anne-Marie : Non, et même je te pardonne si tu m'offres un café.

2

Monsieur Lambert rentre du bureau. Avant le dîner, le téléphone sonne. C'est pour madame Lambert. Monsieur Lambert entend sa femme dire : « Oh, merci ! Tu es gentille d'y avoir pensé », puis « Non, ce n'est pas amusant d'avoir un an de plus », et il comprend :

M. Lambert : Oh ! ma chérie, je suis vraiment désolé. J'ai complètement oublié ton anniversaire. Je m'en veux, tu sais.
Mme Lambert : Ça ne fait rien, va.
M. Lambert : Si, si. Et j'ai un cadeau pour toi depuis une semaine.
Mme Lambert : C'est vrai ? Donne-le-moi.
M. Lambert : C'est que..: il est dans le tiroir de mon bureau.
Mme Lambert : Oh !...
M. Lambert : Écoute. Va mettre une belle robe. Je t'emmène au restaurant. Tu me pardonneras au champagne.

Dans le bureau des commandes des Nouvelles Galeries, Dupin vient demander un renseignement à son collègue Marchais.

Dupin : Rappelle-moi le nom de ce client qui a commandé des meubles de jardin.
Marchais : Oh, là, là ! J'ai oublié.
Dupin : Mais tu l'as noté, n'est-ce pas ?
Marchais : Hélas ! J'ai aussi oublié de le noter. Excuse-moi, mon vieux.
Dupin : Il faut retrouver son nom. Cherche.
Marchais : Ce n'est pas Boyer. Non, attends, Capet, Sapet. Il y a un « è » à la fin.
Dupin : Et au début ?
Marchais : Ah ! je ne sais plus : B, Br, non... F... Fallet, non.
Dupin : M, peut-être, Ma... Me... Ça ne te dit rien ?
Marchais : Ça y est, mon vieux, Mallet, c'est ça. Monsieur Mallet, et il habite 18, rue des Mathurins. Alors, tu m'excuses maintenant ?

A l'aéroport d'Orly.

Mme Lambert : Tu as les billets, Georges ?
M. Lambert : Bien sûr !... Ah, mais non ! Ils ne sont pas dans ma poche.
Mme Lambert : Voyons, Georges, ce n'est pas possible. Cherche bien.
M. Lambert : C'est ce que je fais... Non, je ne les ai pas. Je crois que je les ai laissés sur mon bureau. J'ai dû oublier de les prendre en partant.
Mme Lambert : Mon Dieu ! Qu'est-ce que nous allons faire ?
M. Lambert : Tu vas m'attendre ici. Je vais retourner à la maison en taxi et nous prendrons l'avion de midi, s'il reste des places.
Mme Lambert : Oui, il n'y a rien d'autre à faire.

1. COUPEZ !

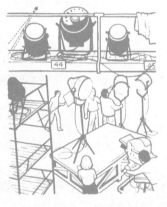

et parler en même temps. <u>Les lumières</u>
sont si fortes qu'il me faut plusieurs
minutes pour voir ce qui se passe.
Il y a deux acteurs, debout au milieu,
qui ne font rien. Ils attendent certai- 10
nement quelque chose, mais quoi ?
De temps en temps, ils se tournent
l'un vers l'autre. On croit qu'ils vont
se parler. Les caméras commencent à
tourner et juste au moment où les 15
paroles vont sortir de leur bouche,

— Hier, je suis allé visiter <u>les studios</u>
de Boulogne. — Oh, raconte-moi.
— Si tu veux. Imagine la scène. On

tourne <u>un film policier</u>. Il y a du
monde partout. Tous semblent bouger 5

<u>quelqu'un crie</u> : « Coupez ! »
Alors, tout le monde recommence à
parler et à bouger. Puis, quelques
minutes après, on fait de nouveau 20
silence. Les deux hommes reprennent
leur place, les caméras recommencent
à tourner. Les acteurs vont parler.
Puis, de nouveau, une voie crie :
« Coupez ! » 25
J'ai vu ce morceau de scène quatre
fois, et je n'ai pas attendu la cin-
quième ! Je suis parti. Je n'en connaî-
trai jamais la fin.
— Sauf si tu vas voir le film ! 30

2. UNE GRANDE ACTRICE

M. Rabier : Monsieur Grosbois, avez-vous trouvé quelqu'un pour jouer le

rôle de Jeanne d'Arc ?
M. Grosbois : Eh non ! Vous avez une idée ? ⁵
M. Rabier : Je crois que oui. Vous vous rappelez Vera Orlando ?
M. Grosbois : Vera Orlando ? L'actrice de « L'Ile du Silence » ?

M. Rabier : C'est bien ça. Qu'en pen- ¹⁰ sez-vous ?
M. Grosbois : Euh, euh ! Je ne sais pas trop... Elle n'a pas joué depuis longtemps.
M. Rabier : C'est vrai, mais seulement ¹⁵ parce qu'on ne lui a offert que de mauvais rôles.

M. Grosbois : Elle a été très bien, évidemment, dans « l'Ile du Silence ».
M. Rabier : Très bien ! Vous voulez ²⁰ dire merveilleuse, sensationnelle... Je

la vois encore en train de danser sur la plage. C'est vers la fin du film, vous vous souvenez ?
M. Grosbois : Oui, oui, bien sûr. ²⁵
M. Rabier : Qui peut, comme elle, faire rire les spectateurs ?

M. Grosbois : C'est vrai...
M. Rabier : C'est elle qu'il nous faut pour le film. ³⁰
M. Grosbois : Vous croyez ?
M. Rabier : Elle sait aussi faire pleurer.

M. Grosbois : Oh ! Sûrement pas. Elle

est très bien dans le comique, je ³⁵ suis d'accord avec vous, mais elle ne peut pas être également bonne dans le tragique.

M. Rabier : Mais si ! Je vous assure. C'est une grande actrice, donc une ⁴⁰ actrice complète. C'est la Jeanne d'Arc qu'il nous faut.
M. Grosbois : Vous avez peut-être raison, Rabier. Demandez-lui donc de passer à mon bureau un de ces jours. ⁴⁵

6 | Comment choisir !

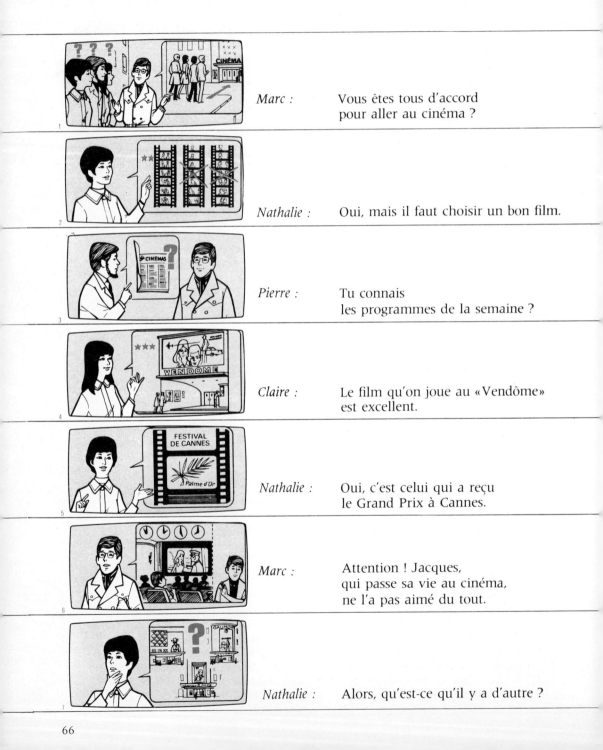

Marc : Vous êtes tous d'accord pour aller au cinéma ?

Nathalie : Oui, mais il faut choisir un bon film.

Pierre : Tu connais les programmes de la semaine ?

Claire : Le film qu'on joue au «Vendôme» est excellent.

Nathalie : Oui, c'est celui qui a reçu le Grand Prix à Cannes.

Marc : Attention ! Jacques, qui passe sa vie au cinéma, ne l'a pas aimé du tout.

Nathalie : Alors, qu'est-ce qu'il y a d'autre ?

Pierre :	Il y a une bonne comédie américaine au «Quartier Latin».
Claire :	Ah ! Je sais. C'est celle qu'Hélène m'a racontée.
Claire :	Il paraît qu'elle est drôle d'un bout à l'autre.
Nathalie :	Ça ne veut rien dire. Hélène rit facilement.
Pierre :	Et le film policier qui passe à Montparnasse ?
Marc :	Si vous avez tous des goûts différents, on ne se décidera jamais.
Marc :	Je propose qu'on tire à pile ou face.

JE N'AIME PAS LES FILMS POLICIERS !

CE SOIR

Qu'est-ce qu'il y a d'autre à voir ?

des dessins animés au Gaumont,

On vous propose :

un film historique au Bretagne,

un documentaire sur la vie des bêtes, au Rex,

un film d'aventures au Logos.

Le festival de Cannes

C'est drôle. J'ai bien ri.

C'est un film triste. Elle a pleuré.

Regardez ces photos de vedettes.

Celle de gauche
est américaine.

Celle du milieu
est française.

Celle de droite
est italienne.

Regardez ces chiens et ces chats.

Celui-ci est tout rond.

Celui-là est presque carré !

Ceux-ci sont tout petits.

Ceux-là sont beaucoup plus gros !

Regardez ces deux maisons.

Celle-ci est très large.

Celle-là est bien étroite.

1

Celui qui
Celui que
Celui de

● **Celui (celle, ceux, celles) qui (que)** dans une phrase :

J'ai vu	le film	**qui**	passe au Logos. a reçu le Grand Prix à Cannes.
	celui	**que**	Pierre n'a pas aimé. ta mère préfère.
Il a lu	la lettre	**qui**	annonce ton arrivée. est arrivée hier soir.
	celle	**que**	tu as reçue. vous avez écrite.

● **Celui (celle, ceux, celles) qui (que)** en tête de phrase :

Ceux	**qui**	sont venus me voir ont écrit ces livres	habitent à côté d'ici.
Celles	**que**	mon père a reçues vous nous proposez	sont trop chères.

● **Celui (celle, ceux, celles) de :**

J'ai pris	mon parapluie. ma voiture.	▶ Moi, j'ai pris	**celui** **celle**	**de**	ton oncle. mes parents. ton ami. sa tante. ma sœur.
	mes livres. mes photos.		**ceux** **celles**		mes grands-parents. tes cousins.

attention

Celui, celle, ceux et **celles** ne doivent jamais s'utiliser seuls, mais toujours suivis de : **qui** ou **que**; **de**, **des** ou **du**; **-ci** ou **-là**.

2			Exemples :	
Où interrogatif et relatif	●	**interrogatif**	Ils vont **en ville.** ▼ Ils vont **où** ?	**Où** | est-ce qu'ils vont ? | vont-ils ?
	●	**relatif**	Je t'ai déjà parlé de cette ville. J'**y** suis né. ▼ Je t'ai déjà parlé de cette ville **où** je suis né. Nous allons manger **dans ce restaurant.** Je t'**y** ai rencontrée. ▼ Nous allons manger dans ce restaurant **où** je t'ai rencontrée.	
3 Savoir ≠ connaître		**+ verbe** ▼ savoir *seulement*	savoir + infinitif	Il sait | nager. | parler français. | jouer au tennis.
			savoir + comment quand pourquoi que, où...	Il sait | comment y aller. | quand elle viendra. | pourquoi il est venu. | que tout va bien. | où le voir.
			Ne pas savoir + si...	Il ne sait pas si nous pourrons y aller.
		+ nom ● **pronom** ▼ savoir *ou* connaître ●	Il passe ses journées à apprendre ses leçons. Il les sait toutes très bien. Je vois souvent Henri. Je le connais bien. Est-ce que tu connais | son adresse ? | son prénom ? | son âge ? | ses parents ?	

1	L'auxiliaire est **être** :	Exemples :
Accord des participes passés	● accord obligatoire avec le sujet : en genre : masculin ou féminin en nombre : singulier ou pluriel	Ma sœur est venu**e**. Mes parents sont arrivé**s** hier. Elles sont descendu**es** de la montagne. Nous sommes sorti**(e)s** hier soir.
	L'auxiliaire est **avoir** :	Exemples :
	● pas d'accord avec le sujet ● pas d'accord avec l'objet direct placé **après** le verbe	Elle a appris sa leçon. Mes amis ont lu ce livre. Mes cousines ont reçu leur amie. Nous avons conduit cette voiture.
	L'auxiliaire est **avoir** et il y a un pronom objet direct **avant** le participe passé:	Exemples :
		J'ai mangé les fruits. ▸ Je **les** ai mangé**s**. J'ai appris les leçons. ▸ Je **les** ai appris**es**. Il a vu Brigitte. ▸ Il **l'**a vu**e**.
	● accord obligatoire avec le pronom objet direct placé **avant** le verbe :	Vous êtes ses amies? Elle **vous** a cherché**es**. Tu es sa sœur? Il **t'**a appelé**e**. C'est l'histoire **qu'**il nous a raconté**e**. Voilà les films **que** nous avons vu**s**.

2	
Le son ɲ = **gn**	Ce son est rare en français, il n'est jamais en début de mot. **Exemples :** Il aime la monta**gn**e.　　　C'est ma**gn**ifique.

---

1 Répondez (questions sur le dialogue).

1. Pierre connaît-il les programmes de la semaine ?
2. Quel film joue-t-on au « Vendôme » ?
3. Jacques va-t-il souvent au cinéma ?
4. Claire a-t-elle vu la comédie américaine qu'on joue au « Quartier Latin » ?
   Comment le savez-vous ?
5. Où passe le film policier ?
6. Pourquoi ne peuvent-ils pas se décider ?
7. Que propose Marc ?
8. Que préférez-vous ? Le cinéma, le théâtre, les matchs de football, ou autre chose ?

---

2 Complétez les phrases suivantes.

Exemple : Cette ville est celle où... → Cette ville est celle où j'ai habité longtemps.
1. Cette maison est celle où...
2. Ce lycée est celui où...
3. Ce film est celui que...
4. Ce pays est celui où...
5. Ce théâtre est celui qui...

---

3 Répondez en faisant l'accord du participe passé.

Exemple : — Tu as rencontré ses parents ? → — Oui, je les ai rencontrés.
1. — Tu as vu les films de René Clair ? — Oui, je...
2. — Vous avez choisi les films ? — Oui, nous...
3. — Vous leur avez proposé des sorties ? — Oui, nous...
4. — Tu as appris les nouvelles ? — Oui, je...
5. — Tu as passé tes journées à lire ? — Oui, je...

---

4 Imaginez le dialogue.

Vos amis veulent aller voir un film policier. Vous n'êtes pas d'accord. Vous préférez autre chose.

Proverbe : Des goûts et des couleurs, il ne faut pas discuter.

1

Juliette et Anne-Marie ne sont jamais d'accord.

Juliette : Tu as vu le film « Autant en emporte le vent » ?
Anne-Marie : Oui, et je l'ai bien regretté. C'est un très mauvais film.
Juliette : Au contraire, c'est un film admirable.
Anne-Marie : D'abord, l'histoire est idiote.
Juliette : Mais pas du tout. Tu n'y a rien compris.
Anne-Marie : Et puis les acteurs jouent mal.
Juliette : Ah non, alors ! J'ai des réactions complètement différentes. Moi, je les trouve très bien.
Anne-Marie : Je vois que nous ne pourrons jamais être d'accord. Parlons d'autre chose.

2

Il faut attendre papa. Mais c'est bien difficile de rester tranquille quand on a six, huit et onze ans...

Daniel : Nous allons monter sur ce mur.
La mère : Non, je vous le défends.
Philippe : Pourquoi ? Il n'est pas très haut.
La mère : J'ai dit « Non ». N'insistez pas.
Daniel : Alors, qu'est-ce que nous pouvons faire ? Jouer sur la route ?
La mère : Non, c'est interdit.
Philippe : Mais il n'y passe jamais aucune voiture.
La mère : Ça ne fait rien. C'est dangereux.
Jean-Marc : Tant pis. Allons nous baigner.
La mère : Dans la rivière ! Vous n'y pensez pas !
Daniel : Pourquoi ? Nous savons tous nager.
La mère : Parce que je ne veux pas. Vous allez tous rester ici et attendre votre père.

3

Ah ! si on pouvait parler anglais comme les Anglais, allemand comme les Allemands !...

M. *Girard* : Quelle est à votre avis la meilleure manière d'apprendre une langue étrangère ?
M. *Capet* : C'est d'aller dans le pays où on la parle.
M. *Girard* : Je ne suis pas d'accord avec vous. Bien sûr, c'est utile, mais plus tard.
M. *Capet* : Pourquoi attendre ?
M. *Girard* : Pour commencer, c'est mieux d'apprendre la grammaire et un peu de vocabulaire. On va dans le pays quand on sait déjà parler un peu, pour apprendre à mieux s'exprimer.
M. *Capet* : Ce n'est pas du tout mon avis. J'ai appris l'anglais comme vous le dites, et maintenant je le parle très mal avec un fort accent français. J'envoie mon fils tous les ans en Angleterre. Il parle déjà bien mieux que moi.

4

C'est samedi matin. Madame Lambert est déjà prête.

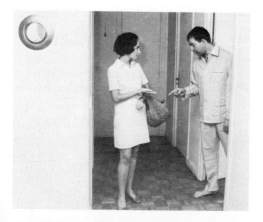

Mme *Lambert* : Alors, quand partons-nous ?
M. *Lambert* : Partir ? Qu'est-ce que tu veux dire ?
Mme *Lambert* : Tu ne te rappelles pas ? Tu m'as promis un week-end à la campagne.
M. *Lambert* : Moi ? Je n'ai rien promis.
Mme *Lambert* : Mais si, je suis certaine que tu l'as dit.
M. *Lambert* : Jamais de la vie, tu l'inventes. J'ai peut-être dit : « Nous irons en week-end avant le début de l'hiver », mais je n'ai pas dit quand. Et l'hiver commence seulement dans trois semaines !

1. CINÉMA OU THÉÂTRE ?

<table>
<tr>
<td>

CINÉMA

On peut y aller quand on veut.

On peut voir les plus grands acteurs du monde.

Ce n'est pas trop cher pour un étudiant.

On trouve des cinémas dans les petites villes, mais pas beaucoup de théâtres.

Il n'y a pas beaucoup de bonnes pièces.

</td>
<td>

THÉÂTRE

Aller au théâtre est un événement.

Les vrais acteurs sont ceux qui jouent au théâtre.

Les étudiants et les lycéens peuvent avoir des prix spéciaux.

Il y a des acteurs qui vont de ville en ville et qui jouent les meilleures pièces.

Il y a beaucoup de mauvais films.

</td>
</tr>
</table>

Qu'en pensez-vous ? Voyez-vous d'autres raisons de préférer l'un ou l'autre ?

2. LES EXAMENS APPROCHENT

Il y a bien longtemps que Marc n'est pas allé au cinéma. Il ne peut plus sortir le soir : les examens approchent, et il a trop de travail. Il ne voit même plus ses amis. Il les ⁵

rencontre au cours, et ils vont quelquefois prendre un café ensemble. Mais c'est tout. Celui qui ne travaille pas en ce moment de l'année n'a vrai-

ment aucune chance de réussir. Tous ₁₀ les étudiants le savent bien ! Aussi, il y a un peu moins de monde dans les cafés et dans les cinémas du Quartier-Latin.
— Tu sais qu'il y a un bon film au ₁₅ Logos ?
— Oui, je le sais. Mais je ne peux pas y aller : j'ai du travail.
— Tu as bien le temps !
— On voit que tu n'as pas d'examen ₂₀ à passer, toi ! Tu as bien de la chance !

Marc rentre tristement dans sa chambre. Ses livres l'attendent. Il y en a sur la table, sur les chaises, ₂₅ sur le lit : tous ceux que Marc n'a pas lus, tous ceux qu'il n'aura pas le temps de lire ! Il ne reste que deux semaines avant l'examen et il ne pourra pas tout faire. Il faut choisir. ₃₀ Mais c'est presque impossible ! Ce livre est important, et celui-là aussi, et celui que Pierre lui a prêté, et celui qu'il vient d'acheter...
Comment faire ? Marc travaille déjà ₃₅ toute la journée. Lui faudra-t-il travailler aussi la nuit ?

7 | Elles sont toutes comme ça !

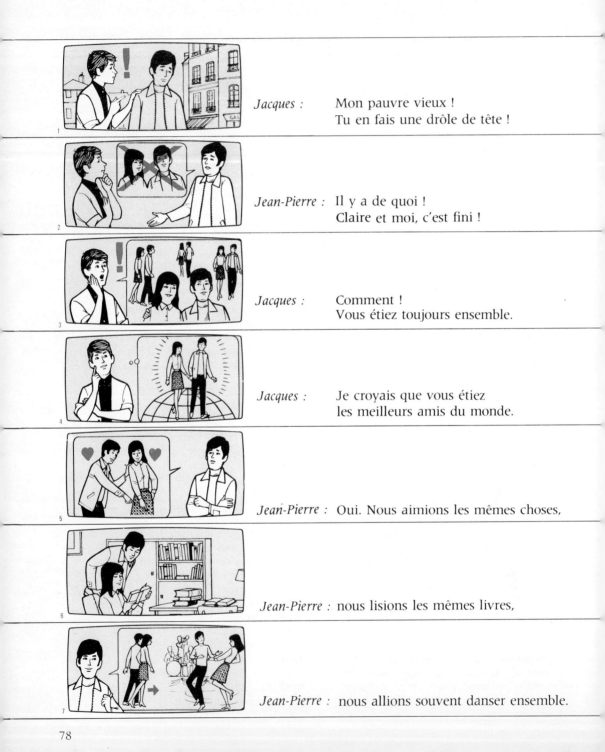

Jacques :   Mon pauvre vieux !
                 Tu en fais une drôle de tête !

Jean-Pierre :   Il y a de quoi !
                  Claire et moi, c'est fini !

Jacques :   Comment !
                 Vous étiez toujours ensemble.

Jacques :   Je croyais que vous étiez
                 les meilleurs amis du monde.

Jean-Pierre :   Oui. Nous aimions les mêmes choses,

Jean-Pierre :   nous lisions les mêmes livres,

Jean-Pierre :   nous allions souvent danser ensemble.

Jacques : Claire parlait de toi à tout le monde.

Jacques : Elle disait que tu étais intelligent,
gentil, amusant...

Jean-Pierre : Et moi,
je pensais qu'elle était la plus belle,
la plus douce, la plus intelligente...

Jacques : Alors, qu'est-ce qui vous est arrivé ?

Jean-Pierre : Nous nous sommes disputés.

Jean-Pierre : Je me suis rendu compte hier
qu'elle était trop coquette.

Jacques : Il faut te résigner, mon vieux.
Toutes les femmes sont comme ça.

Les qualités et les défauts

Comment est-il ?

Il est intelligent,

aimable,

poli,

travailleur,

amusant,

gentil,

il est parfait. C'est un ange.

Il est...

bête,

désagréable,

mal élevé,

paresseux,

triste,

méchant.

J'espère que vous ne le rencontrerez pas !

Comment est-elle ? Elle est coquette. Elle dépense beaucoup d'argent. Elle n'aide pas sa mère à la maison.

Elle ne sait pas faire la cuisine. Rien ne l'intéresse sauf les robes et les garçons. La connaissez-vous ?

Elle est gaie, patiente, ordonnée,

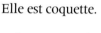  

travailleuse, économe, modeste.

Elle a presque trop de qualités, ne trouvez-vous pas ?

81

Le passé composé et l'imparfait

Le **passé composé** et l'**imparfait** sont des **temps du passé.**

Hier,
elle **était** à Paris.

Hier,
elle **a mangé** ici.

1

Le passé composé

Utilisez
le **passé composé**
pour raconter.

Hier, je **suis sorti** du lycée à l'heure et j'**ai rencontré** mon ami Alain. Nous **avons pris** un café ensemble et il m'**a raconté** son dernier voyage.

2

L'imparfait

Utilisez
l'**imparfait**
pour donner
les circonstances
de l'action.

Tout le monde **dormait** quand il est rentré.

Je suis sorti
du lycée à 5 heures.
Il **pleuvait**.

Alors je suis entré
dans un café. Alain
était là.

Il **racontait** son dernier
voyage à des amis. Je me
suis assis à leur table.

Utilisez
l'imparfait
pour décrire
un personnage
ou un paysage.

Monsieur Durand **était**
grand et mince. Il **portait**
un costume gris, une
cravate en laine et un
chapeau noir. Il **avait**
son parapluie à la main.

C'**était** un petit coin
tranquille. Il y **avait**
du soleil, de l'herbe
haute et des oiseaux
qui **chantaient** dans
les arbres près de la
rivière.

1

L'imparfait

Terminaisons :
Ce sont les mêmes pour **tous** les verbes.

Formation :
Ajoutez les terminaisons de l'imparfait au radical de la première personne du pluriel du présent de l'indicatif.

attention

pour **être** : radical **ét** → j'étais...

	Présent			Imparfait	
nous	parl- finiss- sort- conduis- appren- vend- av- suiv- voy-	ons	je, j' tu il **nous** **vous** **ils**	parl- finiss- sort- conduis- appren- vend- av- suiv- voy-	**ais** **ais** **ait** **ions** **iez** **aient**

2

Féminin
de
quelques
adjectifs

masculin	féminin	Exemples :	
-x	**-se** **-sse** **-ce**	jaloux, jalouse peureux, peureuse heureux, heureuse	paresseux, paresseuse faux, fausse doux, douce
-euf	**-euve**	neuf, neuve	
-eau	**-elle**	beau, belle	nouveau, nouvelle
-al	**-ale**	spécial, spéciale	
-i **-e** + l	**-i** **-e** + lle	gentil ʒɑ̃ti actuel, actuelle	gentille ʒɑ̃tij
-ier	**-ière**	premier, première entier, entière	policier, policière régulier, régulière

---

1 **Répondez (questions sur le dialogue).**

1. Pourquoi Jean-Pierre fait-il une drôle de tête ?
2. Claire et lui sortaient-ils souvent ensemble ?
3. Qu'est-ce qu'ils faisaient ?
4. A qui Claire parlait-elle de Jean-Pierre ?
5. Qu'est-ce qu'elle disait de lui ?
6. Qu'est-ce qui leur est arrivé ?
7. Pourquoi se sont-ils disputés ?
8. Croyez-vous que toutes les femmes sont comme ça ?

---

2 **Est-ce que, l'année dernière, vous faisiez les mêmes choses que vos ami(e)s ?**

Exemple : L'année dernière, j'écoutais les mêmes disques que mon meilleur ami.
    ou : Non, l'année dernière, je n'écoutais pas les mêmes disques que lui.
Faites cinq phrases avec : « lire des livres », « faire des voyages », « suivre des cours »,
« aller dans les mêmes endroits », « avoir les mêmes goûts ».

---

3 **Faites le portrait de l'ami(e) parfait(e).**

---

4 **Mettez au passé.**

1. Ils disent qu'elle est coquette.
2. Vous pensez qu'ils se disputent.
3. Vous vous rendez compte qu'il est bête.
4. Tu crois qu'ils sont bons amis.
5. Ils racontent que vous êtes sympathique.

---

5 **Complétez.**

Exemple : Ce nouveau billet est faux. → Cette nouvelle réponse est fausse.
1. Jean est jaloux et paresseux. Sa sœur est aussi...
2. C'est un beau camion neuf. C'est... voiture...
3. Jacques est doux et gentil. Sa mère est aussi...
4. C'est son premier film policier. C'est aussi sa... histoire...
5. Ce problème actuel n'est pas nouveau. Cette situation...

Proverbe : Qui se ressemble, s'assemble.

1

Anne-Marie et Guy sont de bons amis. Mais ils n'ont pas toujours les mêmes goûts...

Anne-Marie : Et cet après-midi, nous allons au cinéma, n'est-ce pas ?

Guy : Au cinéma ? Tu oublies qu'il y a le match France-Irlande à trois heures !

Anne-Marie : Encore du rugby ! Oh, non !

Guy : Mais tu sais bien que c'est un match très important.

Anne-Marie : Je sais surtout que tu ne fais que ce qui te plaît.

Guy : Oh ! Comment peux-tu dire ça ? Je fais aussi ce que tu aimes.

Anne-Marie : Alors, emmène-moi au cinéma.

Guy : Non, pas aujourd'hui.

Anne-Marie : Tu n'es pas gentil.

Guy : Et toi, tu es une égoïste.

Anne-Marie : Tu ne penses pas ce que tu dis ?

Guy : Je crois que si.

Anne-Marie : Alors, je ne te parle plus.

2

Monsieur Capet cherche, depuis dix minutes, une place pour garer sa voiture. Enfin, en voilà une là-bas ! Monsieur Capet accélère, mais quelqu'un a accéléré plus vite que lui.

M. Capet : Monsieur, je crois que cette place est à moi. J'étais là avant vous.

L'homme : Peut-être, Monsieur. Mais moi, je l'ai prise avant vous. Donc elle est à moi.

M. Capet : Pas du tout, je l'ai vue le premier.

L'homme : Peut-être, mais vous n'avez pas été assez rapide. Je reste.

M. Capet : Monsieur, vous avez des manières de bandit !

L'homme : Oh, je vous en prie. Ne me parlez pas sur ce ton. Pas de disputes !

M. Capet : C'est vrai. On ne se dispute pas avec des gens comme vous !

3

Hervé est en train de travailler dans sa chambre quand son petit frère Pascal entre.

Pascal : Dis, Hervé, mon camion ne marche plus.
Hervé : Laisse-moi tranquille. J'ai un problème à finir.
Pascal : Je ne sais pas le réparer.
Hervé : Eh bien, joue avec autre chose et ne me dérange pas.
Pascal : Mais toi, tu peux sûrement...
Hervé : Tu m'ennuies. J'ai du travail.
Pascal : Oh, tu n'es pas gentil.
Hervé : Arrête. J'en ai assez. Ton camion ne m'intéresse pas et je n'ai pas le temps de le réparer.
(Pascal pleure.)
Hervé : Tu es vraiment agaçant ! Si tu ne t'arrêtes pas tout de suite, je te mets dehors.
Pascal : Mais mon camion...
Hervé : Écoute. Je vais finir mon problème et voir ce que je peux faire.

4

Vous entendrez ces mots et ces phrases :

Imbécile !
Idiot !
Je t'ai assez vu !
Sors d'ici !
Tu m'ennuies !

Mais employez-les le moins possible !

1. PORTRAITS
DE FAMILLE

C'est <u>mon grand-oncle</u>. Il était professeur de philosophie à Strasbourg. Il a écrit plusieurs livres, mais je ne les ai jamais lus.

C'est <u>la grand-mère</u> de mon père, ⁵ donc <u>mon arrière-grand-mère</u>. Elle habitait près de la frontière espagnole. Elle s'appelait Carmen.

C'est un petit cousin. Quand il avait deux ans, il était <u>blond et frisé</u> ¹⁰ comme un petit ange. Maintenant, <u>c'est autre chose</u>.

Voici un arrière-grand-père de mon père. Il était <u>explorateur</u>, en Afrique

bien sûr! <u>Il a tué</u> je ne sais plus ¹⁵ combien de <u>lions</u> quand il était jeune. Tu as vu <u>la peau</u> qui est dans le <u>salon</u>? C'est un de ses cadeaux à ma grand-mère.

Regarde <u>ma mère à dix-huit ans</u>. ²⁰ Elle était très jolie, mais quelle robe et quelle <u>coiffure</u>! La mode était vraiment amusante en ce temps-là!

Et voici Nathalie et moi. J'avais <u>huit ans, elle six</u>. Est-ce que nous ²⁵

n'étions pas mignons? <u>Et nous le sommes encore</u>, n'est-ce pas?

2. PAUVRE CLAIRE !

Brigitte : Claire, tu ne m'écoutes pas. Tu ne me réponds pas. Qu'est-ce que tu as ?

Claire : Rien, rien. Laisse-moi tranquille ! 5

Brigitte : Je vois bien que tu es triste. Dis-moi ce qui t'arrive.

Claire : Non. C'est inutile. Personne ne peut m'aider.

Brigitte : Voyons, tu n'es pas malade ? 10 et tes...

Claire : Mais non, je vais très bien et mes parents aussi.

Brigitte : Tes examens ?

Claire : Ils ne commencent pas avant 15 quinze jours.

Brigitte : Alors, Jean-Pierre ?

Claire : Oui, c'est Jean-Pierre.

Brigitte : Jean-Pierre ? Qu'est-ce qu'il t'a fait ? 20

Claire : Oh ! Il a été méchant hier sòir ! Lui et moi, c'est fini !

Brigitte : Mais ce n'est pas possible !

Claire : Si ! Nous nous sommes disputés... 25

Brigitte : Pourquoi ?

Claire : Je me suis rendu compte, hier,

qu'il était trop <u>jaloux</u> : je voulais danser avec Jacques ; il n'a pas voulu.

Brigitte : Ah ! ma pauvre Claire ! Tous 30 les garçons sont comme ça !

8 | Sur le quai de la gare

Marianne :	Dépêchons-nous. Tu vas manquer ton train.
Marianne :	Où est-ce que Jean-Pierre t'a donné rendez-vous ?
Jacques :	Sur le quai. Nous avons des places louées.
Marianne :	Qu'est-ce qu'il y a ? Tu n'as pas perdu ton billet au moins ?
Jacques :	Non, le voilà. Mais j'ai eu peur !
Marianne :	Laisse-moi porter une valise. Nous irons plus vite.
Jacques :	Non, merci. Essaie de trouver Jean-Pierre.

	Une voix : Les voyageurs pour Boulogne en voiture, s'il vous plaît. Attention au départ !
	Jean-Pierre : Ah ! Vous voilà enfin ! Vous arrivez juste à temps.
	Marianne : Tenez. Je vous ai apporté un petit cadeau utile. Ça s'appelle : « le Manuel du parfait touriste ».
	Jacques : Ce n'est pas le moment de te moquer de nous !
	Marianne : J'espère que tu m'écriras quand même ?
	Jacques : D'accord. Je t'enverrai des cartes postales en couleurs.
	Marianne : Passez de bonnes vacances ! A bientôt !

Vous partez en voyage.

Regardez l'horaire,

allez prendre votre billet,

puis allez louer votre place.

Si vous voyagez de nuit, prenez une couchette.

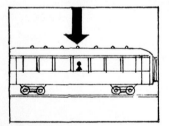

Choisissez une place
au milieu du wagon.

Ne voyagez pas
sur les roues.

Ne traversez pas
les voies.

Asseyez-vous dans un
coin du compartiment

près de la fenêtre,

dans le sens de
la marche du train.

Le haut-parleur
annonce le départ
du train : « Les voyageurs
pour Paris, en voiture,
s'il vous plaît.
Attention au départ. »

Ne laissez pas vos
bagages dans le couloir.

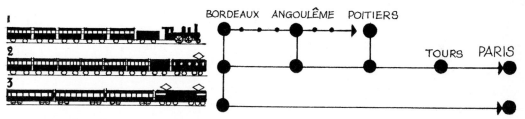

1. Les omnibus s'arrêtent à toutes les gares.
2. Les express ne s'arrêtent que dans les gares les plus importantes.
3. Les rapides ne s'arrêtent pas en route.

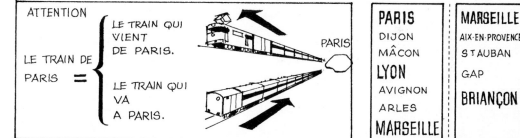

Sur les grandes lignes, les trains sont très rapides.
Une locomotive française a battu
le record du monde de vitesse !

Il n'y a pas de train direct
pour Aix-en-Provence.

Porteur !

Un wagon-lit.

Un wagon-restaurant.

1

**Ordre
des
pronoms
compléments**

Les pronoms compléments se placent avant l'élément conjugué du verbe dans l'ordre du tableau suivant :

Exemples :

Seules les combinaisons
1-3 3-4 et 4-5 sont impossibles.

Je **les leur** ai vite donnés.
Vous **m'en** enverrez.

me ('m') te (t') se (s') nous vous se (s')	le la les l'	lui leur	y	en
1	2	3	4	5

> **Il ne peut pas y avoir plus de deux pronoms à la suite.**

Exemples :

Nous porterons ces lettres.
à mes parents pour M. Ledoux.

▶ Nous **les leur** porterons pour M. Ledoux.

Vous avez porté ces paquets
à la maison.

▶ Vous **les y** avez portés.

attention

Avec l'impératif
à la forme affirmative
l'ordre peut être différent.

- le - la - les	-moi -lui -nous -leur
1	2

Exemples :

Donne **-moi** ce livre.
Gardez-**nous** ces lettres.

▶ Donne-**le-moi**.
Gardez-**les-nous**.

Si l'impératif est à la forme négative, il n'y a pas de changement.

Donne-**les-nous**.
Prêtez-**la-moi**.
   1 2

▶ Ne **nous les** donne pas.
Ne **me la** prêtez pas.
   1 2

2

On et ça

> **On :** toujours sujet, toujours troisième personne du singulier.

Exemples :

une personne **quelqu'un**	**On** annonce le départ du train. **On** m'a dit qu'il était parti.
nous	Dans ma famille, **on** aime les promenades à bicyclette.
les gens **tout le monde**	En France, **on** aime bien manger. En été, **on** aime partir en vacances.

> **Ça :** pronom démonstratif, toujours singulier.

	Il dit qu'il sera en avance. **Ça** ne veut rien dire. ▼ **Ça** = ce qu'il a dit : je serai en avance.
cela **cette chose**	Allons à la campagne. **Ça,** c'est une excellente idée. ▼ **Ça** = aller à la campagne.
	Il faut envoyer une carte de Noël à tante Rose. Tu as pensé à **ça** tout seul, bravo ! ▼ **Ça** = envoyer une carte de Noël à tante Rose.

<table>
<tr><td>

1

**Le e
caduc**

</td><td>

● **Prononcez le e au début d'un groupe.**

Exemples :

Que veux-tu ?
Reprends du fromage.
Demain tu iras la voir.
Le docteur va arriver.

</td><td>

Vous pouvez supprimer le second :

Ne m(e) prends pas d(e) billet.
Je l(e)connais bien.
Je r(e)garde la télévision le soir.

</td></tr>
</table>

● **Ne prononcez pas le e à la fin d'un groupe.**

Exemples :

Il va à la post(e). | Ell(es) dis(ent) qu'il est bêt(e).

attention | Prononcez le e du pronom **le** après un impératif.

Donnez-l**e**. | Apportez-l**e**.

● **Dans un groupe :**

Prononcez le e précédé de plus d'une consonne prononcée.

Exemples :

Tous les vendredis, | Apprenez bien vos leçons.
à huit heures exactement. | Il regarde l'horaire.

Ne prononcez pas le e précédé d'une seule consonne prononcée.

Ell(e) n'a pas l(e) temps. | Il pass(e)ra dans la s(e)main(e).
La p(e)tit(e) maison | Laiss(e)-moi r(e)garder
d(e)vant la gar(e). | cett(e) photo.

● **Certains groupes
se prononcent toujours de la même façon.**

Exemples :

je n(e) . . . . | Je n(e) sais pas.
de n(e) . . . . | Je suis heureux de n(e) pas l'avoir.
que t(e) . . . . | Que t(e) faut-il ?
Que d(e) . . . . | Que d(e) bruit !

j(e) te . . . . | J(e) te l'ai dit.
c(e) que . . . . | C'est c(e) que tu voulais ?
parc(e) que . . . . . | Il est v(e)nu parc(e) que tu lui as téléphoné.

1 Répondez (questions sur le dialogue).

1. Pourquoi doivent-ils se dépêcher ?
2. Où ont-ils rendez-vous avec Jean-Pierre ?
3. Pourquoi a-t-il eu peur ?
4. Qu'est-ce qu'elle veut faire pour aller plus vite ?
5. Pourquoi est-ce que Marianne est venue avec eux ?
6. Qu'est-ce qu'elle leur a apporté ?
7. Est-ce que Marianne veut se moquer d'eux ?
8. Qu'est-ce que Jacques promet d'envoyer ?

2 Remplacez les noms compléments par des pronoms.

Exemples : Ils porteront vos valises à la gare. → Ils les y porteront.
　　　　　　Prenez les billets pour nous. → Prenez-les-nous.
1. Elle donnera vos billets à son frère.
2. Il louera deux couchettes pour vous.
3. Achetez le journal pour moi.
4. J'ai gardé une place pour ton ami.
5. Vous avez envoyé des cartes postales à vos parents.
6. Fais un cadeau à ton frère.
7. Portez ces paquets pour nous.
8. Il a laissé ses bagages dans le couloir.

3 Faites cinq phrases.

Pourquoi est-ce qu'on peut manquer un train ?
→　Un jour, j'ai manqué un train parce que...
1. Tomber en panne.
2. Se tromper de...
3. Perdre son billet.
4. Être en retard.
5. Avoir trop de bagages.

Proverbe : La façon de donner vaut mieux que ce qu'on donne.

1

Anne-Marie a passé l'après-midi à écouter des disques chez son amie Juliette. Elles se sont amusées et elles ont oublié l'heure. Anne-Marie regarde sa montre.

Anne-Marie : Oh, déjà 7 heures ! Je dois partir. J'ai promis à maman de faire le dîner.
Juliette : Eh bien, tes parents ne mangeront pas tôt ce soir !
Anne-Marie : J'ai passé un très bon après-midi chez toi. Merci. On se revoit quand ? Demain, au cours ?

2

John, étudiant britannique, est l'invité des Guérin pour le déjeuner. Il est 14 h 45.

John : Excusez-moi, Madame, mais j'ai un cours à trois heures et je dois partir.
Mme Guérin : Je comprends. Nous avons été très heureux de vous avoir chez nous.
John : Et moi très heureux de faire votre connaissance. Je me souviendrai longtemps de cet excellent déjeuner. Au revoir, Madame, au revoir, Monsieur, et encore merci.

3

Jean-Paul vient de passer quinze jours dans la maison de campagne des parents de son ami, Bernard Lafont. Aujourd'hui, il prend le train pour rentrer chez lui. Toute la famille le conduit à la gare.

Mme Lafont : Je crois qu'il est l'heure. Au revoir, Jean-Paul. Nous avons été très heureux de vous avoir.
Jean-Paul : Au revoir, Madame, et merci beaucoup. J'ai passé deux merveilleuses semaines chez vous.
M. Lafont : Au revoir, Jean-Paul, et bon voyage. Vous reviendrez, j'espère.
Jean-Paul : Avec grand plaisir, Monsieur. Merci pour tout.
Bernard : Au revoir, mon vieux. A bientôt à Paris.
Tous : Bon voyage !

4

Hervé, Jean-Paul et Delphine sont allés danser chez Claire. Il est une heure du matin.

Hervé : Quelle soirée, mes enfants !
Delphine : On s'est magnifiquement amusé. Merci.
Jean-Paul : Tu peux recommencer quand tu voudras. On reviendra ! Merci, merci beaucoup.

QUEL VOYAGE !

Je n'oublierai jamais le voyage que j'ai fait la semaine dernière. Vous allez voir pourquoi.
J'ai une amie en Allemagne et nous nous écrivions souvent. Mais je ne 5
la connaissais pas. Il y a un mois,

Renate (ma correspondante) m'a invitée à aller la voir chez elle, et mes parents ont accepté de payer mon voyage. Vous imaginez com- 10
bien j'étais contente ! J'ai relu tout mon dernier livre d'allemand, j'ai mis mes plus belles robes dans ma valise (une Française doit être élégante !) et j'ai pris le train à Mont- 15
pellier. J'avais une place près de la fenêtre, des journaux, et bien entendu un livre d'allemand. Mais le compartiment était plein de gens qui parlaient beaucoup et qui, à midi juste, 20

ont commencé à manger : des œufs durs, du jambon, du poulet. L'odeur était si forte que j'ai dû sortir dans le couloir, et que je n'ai même pas pu manger mon sandwich. J'ai donc 25
passé la moitié du voyage debout, et c'est long !
A Paris, je n'avais qu'une heure pour aller de la gare de Lyon à la gare de l'Est ; il y avait une queue d'un kilo- 30
mètre (ou presque !) pour les taxis. J'ai dit à l'agent de police que j'allais manquer mon train pour l'Allemagne, et il m'a fait passer devant tout le monde. Le chauffeur de taxi 35
a très bien compris que j'étais pres-

sée et il est parti à toute vitesse. Mon Dieu ! que j'ai eu peur ! A un feu rouge, il a oublié de s'arrêter, et

l'agent a sifflé. Ils ont discuté au 40
moins un quart d'heure, et moi, je regardais ma montre en pensant que mon train allait partir sans moi. A la fin, le chauffeur a dit à l'agent que je devais prendre un train à la gare de 45
l'Est dans cinq minutes, et l'agent nous a laissés partir. Le chauffeur de taxi m'a remerciée...
Quand nous sommes arrivés à la gare de l'Est, il ne restait plus que trois 50
minutes avant le départ de mon train. J'ai couru derrière le porteur, et j'ai bien cru que c'était déjà trop tard. Une voix disait : « Les voyageurs pour Strasbourg et Francfort, en voiture, 55
s'il vous plaît. Attention au départ ! »

Heureusement un jeune homme
sympathique qui était déjà dans le
train a pris ma valise pendant que
le porteur me poussait dans le wagon. 60
Il était temps ! Le train commençait
à rouler. J'étais fatiguée, mais il n'y
avait aucune place libre, et je me suis
assise sur ma valise après avoir
remercié le jeune homme. Il était, lui 65
aussi en route pour l'Allemagne.
Avec deux amis, ils allaient travailler chez des fermiers allemands. C'est

une bonne idée pour apprendre la
langue et gagner un peu d'argent. 70
Nous avons bavardé. En nous enten-
dant, ses amis sont arrivés. Ils sont
sympathiques aussi, mais ils ne
connaissent rien de l'Allemagne, ni
de l'allemand. Je leur ai dit ce que 75
je savais, mais j'ai eu beaucoup de
mal à leur apprendre quelques mots.
Je ne sais pas comment ils vont faire
pour comprendre le fermier ! Le
temps a passé très vite jusqu'à 80

Strasbourg. Là, un contrôleur est
monté. Nous lui avons montré nos
billets, et il nous a dit que nous
devions changer de train. Le wagon
où nous étions allait rester à la 85
frontière. Celui de Francfort était sur

un autre quai, et nous n'avions que
deux minutes pour y aller ! Heureusement, il y avait mes trois nouveaux
amis pour porter ma valise, et, pour 90
la deuxième fois depuis le départ,

j'ai pris le train en marche !
Je suis quand même bien arrivée,
et j'ai été heureuse de connaître
enfin Renate. A sa question, j'ai 95
répondu que j'avais fait un très bon
voyage. Pourquoi ? Parce que je ne
savais pas assez d'allemand pour
raconter mes aventures.

Marianne.

9 | Un itinéraire sur mesure

Bertrand a acheté une vieille voiture,
une petite Renault 4 L,
et, depuis plusieurs semaines,
il passe tous ses week-ends à la réparer.
Aujourd'hui, enfin...

Il sait que Jean-Pierre,
sa sœur Brigitte et son amie Florence
se sont donné rendez-vous
place de la Sorbonne.

Florence :	Qui peut bien faire tout ce bruit ?
Jean-Pierre :	Regardez ! C'est Bertrand !
Brigitte :	Mais oui. C'est Bertrand dans sa voiture !
Bertrand :	Ça y est. Elle marche !
Tous :	Bravo, mon vieux. C'est formidable !
Bertrand :	Montez. On va faire un tour.
Brigitte :	Oh, un tour dans Paris, ce n'est rien.
	Partons vraiment loin.
Bertrand :	Pourquoi pas ?
Jean-Pierre :	Tu crois que ta voiture peut faire quatre
	ou cinq cents kilomètres ?
Bertrand :	Bien sûr. Le moteur est tout neuf, maintenant.
Jean-Pierre :	Alors, organisons un voyage pour les trois jours
	de Pentecôte. C'est dans deux semaines à peine.
Florence :	Oh, quelle bonne idée !
Bertrand :	Tes parents te laisseront partir ?
Florence :	Oui, si Brigitte vient avec moi leur expliquer
	ce que nous voulons faire.
Jean-Pierre :	Alors, c'est d'accord. Nous irons passer trois jours en...
Brigitte :	Provence !
Jean-Pierre :	Mais non. C'est beaucoup trop loin.
Bertrand :	En Alsace...
Florence :	En Bretagne...
Jean-Pierre :	Je vous propose la Normandie. C'est près de Paris
	et, s'il fait beau, nous pourrons peut-être nous baigner.
Bertrand :	Entendu. Rendez-vous chez moi vendredi à quatre heures.
	Chacun proposera son itinéraire. Amenez Michel !
Florence :	Oui. Au revoir, Bertrand. Soigne-la bien, ta voiture.

Chacun son goût

Connaissez-vous cinq personnes ayant les mêmes goûts ? Brigitte est la sœur de Jean-Pierre, mais elle ne lui ressemble pas du tout. Bertrand et Michel sont d'excellents amis, mais ils n'aiment pas les mêmes choses. Florence est différente de tous ses camarades. Comme vous le pensiez, cinq amis, cinq itinéraires !

Bertrand propose :

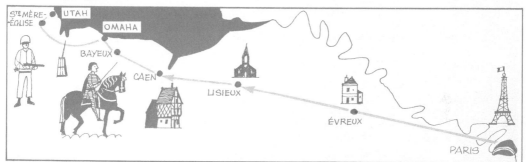

Il aime l'histoire : c'est ce qu'il étudie à la Sorbonne. Il veut aller droit à Lisieux et Caen, ces villes aux trois quarts détruites par la guerre en 1944, et à Omaha Beach et Utah Beach, les plages du débarquement des armées alliées, le 6 juin 1944. Le but de son 5 itinéraire est Sainte-Mère-Église, le premier village pris le 6 juin.

Il veut aussi visiter le vieux Caen qui, heureusement, a gardé beaucoup de ses vieilles maisons et de ses églises. 10

Il s'arrêtera à Bayeux qui a été longtemps une ville scandinave, capitale de Guillaume, le conquérant de l'Angleterre. Toute l'histoire de cette conquête tient sur une magnifique tapisserie de soixante-dix mètres de long, véritable documentaire sur la vie des 15 Normands.

Après ce voyage, nos amis connaîtront certainement beaucoup mieux l'histoire de leur pays !

Brigitte aime les promenades en forêt, les pique-niques dans les champs, les fleurs et les animaux en liberté. Son frère dit qu'elle s'est trompée de siècle : elle est romantique comme en 1830.

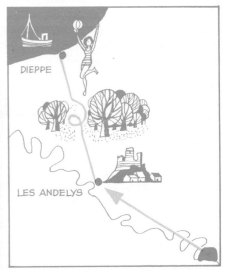

Son itinéraire conduit de Paris aux Andelys. C'est là 5 que, dominant la Seine, se trouve une énorme forte-resse anglaise construite en 1196 : Château-Gaillard. De là, Brigitte veut aller se promener en forêt. Il y en a deux, très belles, sur la route de Dieppe, les forêts de Lyons et d'Eawy. Elle y verra peut-être des 10 lapins et des écureuils mais aussi un arbre de qua-rante-deux mètres de haut et un autre, âgé de près de trois cents ans, de quatre mètres cinquante de circonférence !
Dieppe est le but de son voyage. C'est un joli port 15 de pêche et la plage la plus proche de Paris.
S'ils suivent Brigitte, nos amis reviendront reposés, calmes, n'ayant respiré que l'air de la campagne et de la mer !

Jean-Pierre est intéressé par la technique moderne et l'architecture de tous les siècles. Il aime la mer et fera du bateau si le temps est assez beau.

Il veut passer par Rouen, la capitale de la Haute-Normandie, pour voir sa vieille ville avec la magnifique cathédrale, les églises du XVᵉ siècle, la place du marché : c'est là qu'on a brûlé Jeanne d'Arc en 1431. Mais il veut aussi visiter la ville moderne, reconstruite après la guerre, les installations du port, le quatrième de France, et les raffineries de pétrole. Bien entendu, il passera par Tancarville pour admirer le pont suspendu le plus long d'Europe avec ses mille quatre cents mètres.
Son itinéraire conduit au Havre, le deuxième port de France. En 1945, il ne restait rien de la ville ancienne. La ville et le port actuel sont entièrement modernes. Il espère enfin pouvoir aller jusqu'à Étretat pour se baigner près des falaises.

Florence garde un très mauvais souvenir des voyages en Normandie faits avec ses parents. Elle a déjà vu les pommiers en fleur, les fermes et les vaches, visité beaucoup d'églises et de musées, et elle ne veut pas en ajouter à sa liste ! 5

Elle est coquette et sportive : elle suit la mode de près et elle souhaite nager et faire du bateau.

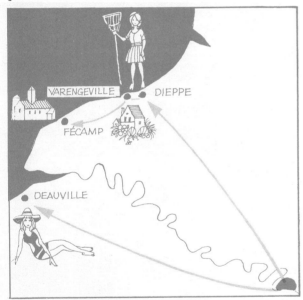

Elle veut aller à Dieppe par la route la plus courte parce que c'est un port et qu'elle veut acheter des vêtements de pêcheur en laine rouge ou bleue : cette 10 année, c'est le grand chic ! On lui a parlé de Varengeville, qui est une très jolie petite ville aux maisons perdues dans les fleurs.

Mais elle hésite entre Dieppe et Deauville comme but de la promenade en voiture. Dieppe, Varengeville, 15 Fécamp sont certainement des villes pittoresques. Deauville, c'est le prestige, le luxe, l'élégance, la plage chic. C'est le voyage qu'on peut raconter... Elle se promènera sur « les planches » à l'heure de l'apéritif et elle y rencontrera certainement des vedettes 20 et des personnalités connues.

Dieppe, Deauville ? Florence proposera les deux à ses amis, mais elle a déjà choisi.

Michel veut tout voir et tout connaître, la campagne, les petits villages, les grandes villes, les monuments, les ports, les raffineries, les usines. Il aime rencontrer des gens et bavarder avec eux. Personne ne résiste à sa gentillesse et à sa bonne humeur. Il laisse des amis 5 partout où il passe. Et la Normandie lui plaît parce qu'il est gourmand. Il a déjà fait la liste de tout ce qu'il veut goûter : la crème, les fromages, le cidre, les poissons, les « fruits de mer » qui sont les spécialités de la région. 10

Michel veut passer le plus de temps possible dans un petit village : Camembert, Pont-Lévêque, pour goûter les vrais fromages, ou Yvetot, **la grosse ville-marché**, où il pourra rencontrer tous les types de Normands. Non, il vaut mieux **une petite ville au** 15 bord de la mer. Honfleur est sans doute la plus jolie : les peintres l'ont peinte, les poètes y ont écrit de beaux vers. Il pourra prendre des photos et Brigitte pourra dessiner.

Paris-Honfleur : rien entre les deux, rien autour. 20 Voilà le choix de Michel.

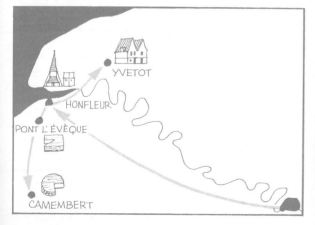

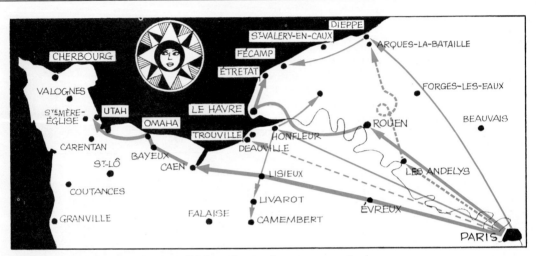

Le vendredi après-midi, toute la bande est chez Bertrand.

Bertrand :	Alors, ces itinéraires, vous y avez pensé ?
Tous :	Voilà, nous avons même fait la carte. Ça pourra t'aider à prendre les bonnes routes !
Bertrand :	Mais, il va nous falloir huit jours pour voir tout ça ! ...
Jean-Pierre :	Comment ! Tu veux aller voir des champs de bataille et des cimetières ? Ça sera gai.
Florence :	Ah, non ! Je ne veux pas entendre parler de guerre.
Bertrand :	Mais celle de 1939 à 1945 est à mon programme !

Brigitte :	Oh ! Oublie donc ton programme pour une fois. On va essayer ta voiture.
Bertrand :	Je veux bien, mais seulement si Jean-Pierre oublie ses raffineries de pétrole et ses statistiques.
Jean-Pierre :	Mais, mon vieux, c'est passionnant d'étudier la vie d'un port ou la reconstruction d'une ville. Alors que tes souvenirs historiques...
Florence :	Vous avez peut-être raison tous les deux, mais nous, nous voulons trois jours de vacances.
Jean-Pierre :	Oh, toi ! A Dieppe, au Havre ou à Paris, il n'y a que les magasins qui t'intéressent.
Brigitte :	Ne vous disputez pas comme ça. Vous avez tous besoin de calme et de repos, je vois.
Michel :	Je comprends ce que tu veux dire, mais ton itinéraire n'est pas drôle du tout. Dans tes forêts, on n'aura même pas le droit de parler pour ne pas faire peur aux petits oiseaux et aux écureuils !

Brigitte :	Alors, qu'est-ce que nous allons faire ? 20
Michel :	Je vais vous le dire. Il faut trouver quelque chose d'intéressant pour chacun, n'est-ce pas ?
Jean-Pierre :	Tu crois que c'est possible ? Quel optimisme !
Michel :	Bien sûr, c'est possible. Regardez. Paris-Les Andelys : un château fort pour les historiens et les romantiques. Les Andelys-Rouen : 25 une grande ville pour tout le monde, avec des magasins, des cathédrales, des églises, des vieilles maisons, le souvenir de Jeanne d'Arc...
Florence :	Arrête, Michel ! Nous n'avons pas encore besoin de guide.
Michel :	Bon, bon ! Je continue. Rouen-Le Havre par Tancarville et les raffineries.
Jean-Pierre :	Ah, quand même ! 30
Michel :	Oui, mon vieux, la technique française dans ce qu'elle a de meilleur...
Bertrand :	Michel !
Brigitte :	Et ma forêt ?
Michel :	Attends. Le Havre-Honfleur : la forêt de Saint-Gratien, onze kilomètres d'arbres splendides, et Deauville. Voilà pour ces demoiselles. 35
Florence :	Ces demoiselles te remercient.
Michel :	En passant, nous pourrons nous arrêter à Honfleur. J'ai toujours aimé ce nom.
Bertrand :	Mais oui, Michel, on te permettra de t'y arrêter, si tu n'y parles pas plus d'une heure.
Michel :	Après, nous irons à Caen, pour Bertrand. 40
Jean-Pierre :	Et pour moi ! Je veux voir la nouvelle université. C'est peut-être la plus belle de France.
Michel :	Ensuite, nous aurons Lisieux pour les bons catholiques. Seule, la cathédrale est restée debout en 1944 et c'est à la Pentecôte qu'il faut faire le pèlerinage. 45
Florence :	Enfin, Lisieux-Paris sans arrêt, si la voiture de Bertrand n'est pas morte avant !
Bertrand :	Si tu préfères aller à pied...
Michel :	Voilà. Tout le monde est content, maintenant.
Brigitte :	Presque.
Bertrand :	Alors, passons à l'organisation. 50

Bertrand : le conducteur.

C'est Bertrand qui conduira sa voiture. Jean-Pierre l'aidera peut-être : il a son permis de conduire lui aussi. Il connaît les possibilités de sa 4 L, ses besoins en essence et en huile. Il calculera la longueur des étapes et le nombre des arrêts. 5

Samedi, premier jour : départ très tôt, vers sept heures du matin Paris-Le Havre, avec arrêts aux Andelys, à Rouen et à Tancarville : 275 kilomètres environ. Les visites devront être rapides !

Dimanche : Le Havre-Caen, avec arrêts à Honfleur, 10 peut-être, pour déjeuner et à Deauville pour se baigner s'il fait assez chaud : l'étape ne sera pas très longue, 125 kilomètres.

Lundi de Pentecôte : Caen-Paris en passant par Lisieux, en tout 280 kilomètres plus les visites de 15 villes. Il faut bien compter 300 kilomètres et il y aura beaucoup de monde sur les routes !

C'est 700 kilomètres que la voiture devra faire en trois jours. Il lui faut environ 6 litres et demi d'essence aux 100 kilomètres, c'est-à-dire plus de 20 45 litres pour tout le voyage. Et l'essence est chère ! Mais, c'est vrai, on divise par cinq !

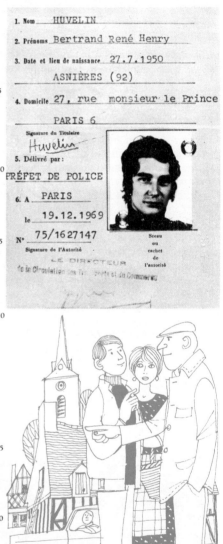

Michel : le responsable des relations publiques.

Quand il n'a rien à faire, Michel ne peut pas s'arrêter de raconter des histoires. C'est fatigant pour tout le monde et surtout pour le conducteur. Aussi, il 25 faudra penser à de nombreux petits arrêts. Michel descendra et parlera avec le garagiste, l'épicier ou le marchand de journaux. C'est lui qui demandera les renseignements, qui trouvera, en bavardant avec les gens du pays, le petit restaurant bon marché, 30 la route pittoresque, la ferme qui vend le meilleur fromage.

Mais il prendra aussi ses précautions ! Avec l'aide du guide Michelin il préparera une liste complète des restaurants gastronomiques de chaque ville et 35 des hôtels confortables. On ne sait jamais...

Quand il reviendra à Paris, c'est lui qui expliquera à son crémier la différence entre un livarot et un pont-l'évêque !

Jean-Pierre : le guide.

Il apprendra par cœur le guide Michelin et le chapitre sur la Normandie du livre de géographie de son petit frère. Assis près du conduc- [5] teur, il lira les cartes et indiquera assez tôt la direction à prendre : « Dans 3 km, tu laisseras la route de Rouen pour prendre à droite. Atten- [10] tion, la prochaine rue est en sens interdit. Tourne à droite, puis à gauche, puis encore à gauche. »

A ses amis, il montrera tout [15] ce qu'il faut admirer : les châteaux, les fermes, les vieilles maisons. Mais il empêchera Bertrand de regarder à droite ou à gauche : Ber- [20] trand ne doit regarder que la route !

Extrait du Guide Michelin vert
15ᵉ édition page 136

HONFLEUR★★ – Carte Michelin n° 54,- pli ⑧ ou 55 – plis ③ ④ – Schémas p. 90 et 188 – 9 132 h. (les Honfleurais ou Honfleurois) – *Lieu de séjour (voir p. 36)*.

Honfleur, postée sur l'estuaire de la Seine, au pied de la Côte de Grâce, est une ville délicieuse. Son vieux bassin, son église et ses vieilles rues constituent un ensemble très original.

UN PEU D'HISTOIRE

Honfleur, place forte importante jusqu'au 15ᵉ s., a acquis sa vraie gloire en participant aux expéditions maritimes qui ont fait la renommée de la Normandie.

Le Canada, colonie normande. — Dès le début du 16ᵉ s., des navigateurs avaient touché les côtes d'un pays appelé « Gallia Nova » par Verrazano, le découvreur du site de New York *(voir p. 101)* ; mais c'est **Jacques Cartier** qui, en 1534, « y met les pieds, s'en empare et le donne à la France ». Il adopte le nom de Canada qui signifie « village » en huron. Pourtant, François Iᵉʳ est déçu car le Malouin ne rapporte ni épices, ni or, ni diamants. Le Canada est délaissé. C'est seulement au début du 17ᵉ s. que **Samuel Champlain**, navigateur avisé, reçoit mission de créer des établissements sur ce vaste territoire. Il fonde Québec en 1608.

Grâce à la politique de Colbert, le Canada devient une véritable colonie normande et percheronne. Plus de 4 000 paysans s'y établissent et défrichent le sol. La pêche, la chasse, le commerce du « pelu » (fourrure) y sont florissants.

Un décret oblige les soldats à se marier sur place. Les volontaires féminines recrutées arrivent, mais un rapport officiel mentionne que les soldats, qui n'avaient pas tremblé devant les Iroquois, « voyant débarquer celles qu'on leur destinait pour épouses, reculèrent épouvantés ». « L'héroïsme a des limites », ajoute le chroniqueur.

Colbert s'adresse alors à l'archevêque de Rouen – le Canada est rattaché à son diocèse – lui demandant s'il peut envoyer de jeunes villageoises « saines et fortes ». Le recrutement dépasse les espérances : en 1667, cent jolies Normandes s'embarquent. L'élan est donné ; mais, quelques années plus tard, il faut cesser toute propagande car il y a trop de filles à marier au Canada.

Cavelier de la Salle, partant du Canada, explore la Louisiane. C'est pour défendre la vallée de l'Ohio, route de communication entre les deux colonies, que s'engage la lutte avec l'Angleterre qui aboutit à la perte du Canada (1760). *Voir la carte « les Normands dans le Monde » p. 23*.

Honfleur ou l'invitation aux Arts. — Honfleur est un lieu béni des Muses. Son atmosphère, son pittoresque ont inspiré peintres, écrivains et musiciens.

Lorsque la côte normande est à la mode parmi les Romantiques, Musset séjourne à St-Gatien chez son ami Ulrich Guttinger ; mais, bientôt, Honfleur est colonisée par les peintres. Il ne s'agit pas seulement des Boudin, Hamelin, Lebourg, de pure souche normande, mais de Parisiens tels Paul Huet, Daubigny, Corot, etc., et d'étrangers comme Bonington et Jongkind.

C'est dans la petite auberge de St-Siméon, chez « la mère Toutain », que se réunit le groupe qui prendra le nom d'« impressionniste » *(voir p. 20)*. Depuis, les peintres de toutes les écoles, de toutes les tendances sont venus à Honfleur et ont subi son charme : on a pu dire que la peinture y est une « maladie endémique ».

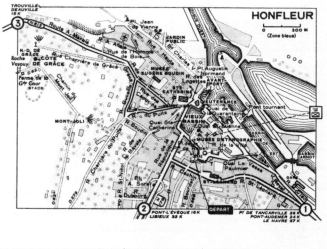

Florence : le ministre des Finances.

Elle gardera l'argent de tous et en dépensera le moins
possible. Elle fera les menus avec Michel et les courses
avec Brigitte.

Elle sait déjà qu'il faudra au moins :
du Nescafé, du lait en boîte, du pain et du beurre ₅
(beaucoup, à cause des garçons) pour le petit déjeuner ;
du pain, du jambon, des tomates, des œufs, du fromage, des fruits pour le déjeuner et peut-être du
cidre !

On dînera dans un petit restaurant : pas plus de ₁₀
dix francs tout compris, sauf peut-être dimanche à
Honfleur. Michel sait déjà où aller pour manger
« normand ».

Pour dormir, les Auberges de jeunesse : quatre francs
la nuit, et ils y rencontreront des jeunes sympa- ₁₅
thiques.

Les hôtels de quinze francs la nuit,
le « Cheval Blanc », par exemple, à Honfleur,
à cent soixante francs,
le « Normandy » à Deauville.   ₂₀

Avec l'essence, les cigarettes, les cartes postales,
les pellicules, les boissons et les « imprévus »,
100 francs par personne pour ces trois jours c'est un
minimum. Et il faudra compter !

*Extrait du Guide Michelin France
pages Honfleur et Deauville*

Honfleur

Roche Vasouy Ⓜ, 2 km par Côte de Grâce (D 62 A) ☎ 26, ⩵ estuaire de la Seine
« ⤳ dans un parc », Rep 5.30/45 **stc** ▲ 6 – 22 ch 40/115 **stc** – P 90/120 **stc** – 🛏 🍽 ⌂ wc
🚗. 🅿. Change . . . .

Host. Lechat, pl. Ste-Catherine ☎ 2.15, Rep 4,50 16/22 ▲ 4,50 – 25 ch 21/55 – P 55/68
– 🛏 🍽 ⌂ wc ⌐wc 🚗. 🅿. Change . . . . A

Cheval Blanc, quai des Passagers ☎ 4.24, ⩵, Rep 4. 13/23 **stc** – 35 ch 14,50/40 **stc**
– P 38/45 **stc** – 🛏 🍽 ⌐ wc . . . . B d

Pèlerins, 8 r. Capucins ☎ 1.42, Rep 4. 12/18 **stc** ▲ 1,70 – 11 ch 12/18 **stc** – P 29 **stc**
– 🍽. 🚫 (ch) . . . . A

Deauville

Royal (30 mars-13 avril et 22 mai-15 sept.), sur la plage ☎ 88.39.41, ⩵, jardin,
Rep 35 ▲ 7 – **400 ch** 50/160 – 🅿. Change. 🚫 (rest.) . . . . AY y

Normandy, r. J.-Mermoz ☎ 88.29.21, ⩵, Rep 35 ▲ 8 – **500 ch** 100/160 – P 115/
135 – Change. 🚫 (rest.) . . . . ABY h

Castel Normand Ⓜ (Pentecôte et 1ᵉʳ juil.-31 août) (sans rest.), 54 r. Gén.-
Leclerc ☎ 88.29.75, jardin – **40 ch** 90/150 – P 115/130 – Change . . . . . BY b

Océan (fermé du 25 nov. au 1ᵉʳ fév.), 1 quai Marine ☎ 88.24.64, ⩵, Rep 5 17,50
stc ▲ 24 – 24 ch 16/50 **stc** – 🛏 🚫 (ch). . . . . BY c

La Fresnaye, 81 av. République ☎ 88.39.71, jardin, Rep 18/20 **stc** – 14 ch
18,50/50 **stc** – P 55/60 **stc** – 🛏 ⌂ wc 🚗. . . . . BY e

Continental (Pâques-fin sept.) (sans rest.), 1 r. Désiré-Le-Hoc ☎ 88.21.06 – **60 ch**
22/65 **stc** – 🛏 🚗. Change. 🚫. . . . . BY n

Marie-Anne (sans rest.) 142 av. République ☎ 88.27.42 – **20 ch** 18/65 **stc** – 🛏
⌂ wc. 🅿. . . . . BY k

● ○	Prix modérés (voir p. 14)
🏰🏰	**Hôtel** de grand luxe
🏯	Hôtel de luxe
🏨	Hôtel très confortable
🏛	Hôtel de bon confort
🏠	Hôtel simple, assez confortable
⌂	Hôtel très simple mais convenable

🏰...🏠	Hôtels agréables
XXX...X	Restaurants agréables
⩻	Vue belle ou étendue
⩵⩵	Vue exceptionnelle
⤳	Situation tranquille
⤳	Situation très tranquille, isolée

🛏	Chauffage central
▭	Air conditionné
⌂ wc	Salle de bains et w.-c. privés
⌐wc	Douche et w.-c. privés
🕿	Téléphone avec l'extérieur
🚗	Garage gratuit ou payant
🅿	Parc à voitures gratuit
🚫	Accès interdit aux chiens

Brigitte : l'artiste.

Elle dessinera, quand elle en aura le temps, et elle prendra des photos. Elle fera plus tard un récit de cette sortie avec beaucoup d'illustrations. Et il y aura sans doute des fleurs séchées entre les pages !

RICHARD CŒUR DE LION.

MARIE HUREL, a inventé le camembert au début du 19e siècle.

Entre Lisieux et Caen il y avait un champ tout fleuri !

Si j'étais fermière !

logis du gouverneur — POTERNE

DONJON — PORTE PRINCIPALE

BASSE COUR

1ère ENCEINTE — FOSSÉ

CHÂTELET

PLAN DE CHÂTEAU GAILLARD.

* GOUTEZ UN CIDRE PLUS SEC *
CIDRERIES DU CALVADOS LIVAROT

CIDRE

cidre doux pasteurisé

PURPOM

de LIVAROT en PAYS d'AUGE

* NOTRE "PURPOM BRUT" ÉTIQUETTE VERTE *

Michel a bu cette bouteille presque tout seul !

Savez-vous que les Normands étaient de grands voyageurs ?

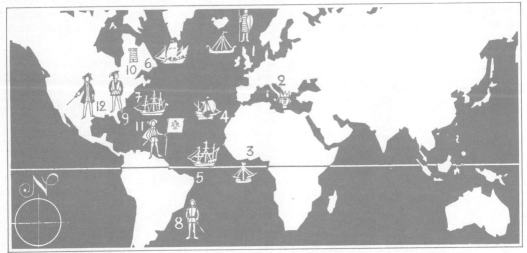

D'après le Guide Michelin vert 15ᵉ édition page 23

Les terres normandes :

1 1066 : Conquête de l'Angleterre par Guillaume, duc de Normandie.

2 1101 : Le roi de Sicile est un Normand , Roger de Hauteville

Les découvertes normandes :

3 1364 : Les Dieppois débarquent sur les côtes de Guinée, en Afrique
où va se trouver bientôt « Petit-Dieppe ».

4 1402 : Des Normands prennent les Canaries.

5 1503 : Des Normands arrivent au Brésil.

6 1506 : Jean Denis, de Honfleur, explore la région du Saint-Laurent au Canada.

7 1524 : Jean Ango et Verrazano, partis de Dieppe,
découvrent New York qu'ils appellent « Terre d'Angoulême ».

8 1555 : Un amiral normand s'installe près de Rio de Janeiro.

9 1563 : Des Havrais et des Dieppois entrent en Floride et en Caroline.

10 1608 : Samuel Champlain, de Dieppe, part de Honfleur et fonde Québec.

11 1635 : Un Normand prend la Martinique,
puis la Guadeloupe, pour le roi de France.

12 1682 : Cavelier de La Salle, de Rouen, explore la région de Chicago,
descend le Mississippi et prend la Louisiane.

La Normandie d'aujourd'hui

C'est la région la plus verte de France. Elle possède :

la plus belle herbe,

les vaches les plus généreuses : de vingt à trente litres de lait par jour,

les plus gros bœufs : un bœuf de 650 kilos grossit d'un kilo par jour en mangeant 60 kilos d'herbe !

les chevaux de course les plus rapides.

C'est aussi en Normandie qu'on trouve :

les meilleures pommes et du très bon cidre ;

une crème de première qualité ;

un beurre excellent ;

des fromages internationalement connus : camembert, pont-l'évêque, livarot ;

une côte pour les vacances : les plages, et pour le travail : les ports de pêche et les ports de commerce ;

une industrie moderne : quatre grandes raffineries de pétrole près du Havre avec un pipe-line de 240 kilomètres du Havre à Paris ;

une industrie du fer à Caen.

Jean-Pierre Molinier téléphone
à un de ses meilleurs amis,
Michel Boivin,
le bavard de la bande.
Tous ses amis
sauront bientôt où il va.

1 *Jean-Pierre :* Allô! Ici, Jean-Pierre Molinier. C'est toi, Michel? Bon. Je ne pourrai pas aller à la piscine avec toi, jeudi je serai à Clermont-Ferrand.

2 *Michel :* Tu seras où? Je n'ai pas entendu.

3 *Jean-Pierre :* A Cler-mont-Fe-rrand.

4 *Michel :* A Clermont-Ferrand? Quelle idée! Et tu vas faire quoi là-bas?

5 *Jean-Pierre :* Ah! ça, c'est un secret! Je te raconterai tout quand je reviendrai.

Dix jours plus tard, Jean-Pierre retrouve ses amis au café du coin.

6 *Michel :* Alors, tu nous le racontes, ce voyage?

7 *Jean-Pierre :* Eh bien, voilà! Mesdemoiselles et Messieurs, j'ai l'honneur de vous présenter le célèbre journaliste Jean-

6/7

9/11

14/15

17/18

Pierre Molinier qui publie ses articles dans « France-Jour ».

8 *Tous* : Quoi ? Qu'est-ce que tu dis ?

9 *Jean-Pierre* : Je viens de faire une enquête sur la jeunesse actuelle et ses problèmes avec un ami de mon père, Yves Dumont. Il avait besoin de quelqu'un pour l'aider; alors, il a pensé à moi.

10 *Florence* : Pour l'aider à quoi ?

11 *Michel* : A porter ses valises et ses appareils de photos. L'ami de son père avait besoin d'un athlète bien élevé, c'est évident !

12 *Florence* : Tais-toi, Michel ! Tu exagères ! Laisse parler Jean-Pierre.

13 *Jean-Pierre* : Merci, Florence. Toi, au moins, tu es plus curieuse que bavarde !
Nous devions terminer en province une enquête déjà commencée à Paris.

14 *Bertrand* : Comment avez-vous fait ? Vous avez arrêté des gens dans la rue pour leur poser des questions ?

15 *Jean-Pierre* : Nous avons interviewé dans la rue des étudiants, des employés, des vendeurs, des ouvriers... Mais nous avons aussi envoyé des questionnaires à des organisations de jeunes et des syndicats.

16 *Michel* : Et comment vous a-t-on accueillis ?

17 *Jean-Pierre* : Dans chaque ville, on a eu un accueil différent. A Toulouse, c'était très sympathique : tout le monde voulait parler !

18 *Florence* : Évidemment ! Ils sont tous comme Michel ! C'est le midi !

19 *Bertrand* : Donne-nous plutôt les résultats de ton enquête.

20 *Jean-Pierre* : Mais mon cher, tu vas lire mes... je veux dire nos articles dans « France-Jour ».

Vous voulez téléphoner ? C'est facile.

Vous entrez dans un café. Vous demandez : « Un jeton, s'il vous plaît, Madame (ou Monsieur). Où se trouve le téléphone ? »

ou bien :

Vous allez dans un bureau de poste et vous achetez un jeton.

Vous entrez dans la cabine téléphonique, puis

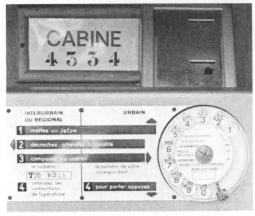

vous lisez ce qui est écrit sur l'appareil.

« Voyons, je mets le jeton dans la fente,

et je prends l'appareil.

Je fais le numéro 282-35-78. Ça sonne. Quelqu'un répond. J'entends : « Allô ! »

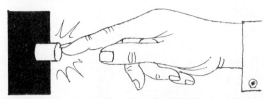

J'appuie sur le bouton et je parle.»

Que faut-il dire ?

«Allô ! Ici Mathieu. Est-ce que je peux parler à Philippe Ledoux ?

Allô ! c'est toi, Philippe ? (Mais non, ce n'est pas lui, je ne reconnais pas sa voix.) Qui est à l'appareil, s'il vous plaît ? (Je n'entends rien.)

Allô, allô ! ne coupez pas. Je veux parler à Philippe Ledoux. ——————————————————▶

Vous n'êtes pas monsieur Ledoux ? C'est un faux numéro (Je me suis trompé de numéro !). Je suis désolé, Monsieur. Excusez-moi.»

«Un faux numéro, un faux numéro... Je vais regarder dans l'annuaire. Voilà. Ledoux... Ah ! 282-36-78. C'est vrai : c'était un faux numéro. Bon, je recommence.

Je mets le jeton dans la fente.

Allô ! C'est bien le 282-36-78 ? Est-ce que je peux parler à monsieur Philippe Ledoux ? »

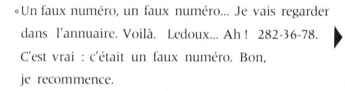

LEDOUX Mme mass kinésithér	
23 r Biot 17e	345.62.01
LEDOUX B ing	
154 av République 11e	225.22.11
LEDOUX B libr papet	
102 r St Jacques 5e	033.85.42
LEDOUX C prof	
18 r Monsieur le Prince 6e	282.36.78
LEDOUX CL pâtissier	
189 r Pompe 16e	288.47.00
LEDOUX D arch	
86 r St Louis en l'Ile 1er	706.51.08
LEDOUX (Etabl) automobiles	
15 bd Courcelles 17e	532.11.03
LEDOUX garage	
154 r René Boulanger 10e	208.57.66
LEDOUX M et Mme J–B	
125 r Entrepreneurs 15e	782.41.02
LEDOUX L doct méd	
92 r Vaugirard 15e	825.73.00
LEDOUX M–A	
74 av Champs Elysées 8e	402.49.81
LEDOUX–MARBEUF restaurant	
17 r Marbeuf 8e	633.17.16
LEDOUX R 86 r Lille 7e	468.32.13
LEDOUX S crém	
468 r Pyrénées 20e	387.15.90
LEDOUX sté indust équip techn	
116 bd Voltaire	700.54.45
LEDOUX (Mme Vve)	
58 faub Poissònnière 10e	770.82.40

Quelques bonnes formules

● Excusez-moi. Je n'ai pas bien compris.
● Voulez-vous répéter ? Pouvez-vous parler plus lentement ?
● Comment ? Qu'est-ce que vous dites ? Oui, c'est bien ça.
● Vous voulez parler à ma sœur ? Très bien, je vais l'appeler.
● Juliette ? Elle n'est pas là. Elle doit rentrer à six heures.
   Vous pourrez la rappeler à l'heure du dîner.
● Pouvez-vous dire à François que son ami Antoine l'a appelé ?

L'interrogation portant sur un groupe de la phrase

1/ Formes propres au français parlé.

● On remplace le **mot**, ou le **groupe,** par un mot interrogatif prononcé avec une **intonation montante.**

Exemples :

Elle est partie **avec Jean.**	▶	Elle est partie **avec qui** ?
Vous êtes allés à Bordeaux.	▶	Vous êtes allés **où** ?
Ils sont arrivés **à cinq heures.**	▶	Ils sont arrivés **quand** ?
Tu es revenu **en voiture.**	▶	Tu es revenu **comment** ?
Elle l'a fait **pour partir en vacances.**	▶	Elle l'a fait **pourquoi** ?
La table est **rectangulaire.**	▶	La table est **comment** ?
Il est **six heures.**	▶	Il est **quelle heure** ?

● Quand on n'a pas compris la réponse ou la fin d'une phrase, on utilise la même interrogation avec une **intonation montante**, sur un **ton plus haut.**

Exemples :

Elle est partie avec...	▶	Elle est partie **avec qui** ?
Il est revenu en...	▶	Il est revenu **comment** ?
Elle est allée pour le...	▶	Elle est allée **pourquoi** ?
Pour faire ce gâteau il faut de...	▶	Il faut **quoi** ?
Nous sommes partis...	▶	Vous êtes partis **quand** ?
Tous les matins il fait...	▶	Il fait **quoi** ?

2/ Formes utilisables en français écrit et en français parlé.

Le mot (ou groupe de mots) interrogatif passe en tête de la phrase.

● Le sujet est un pronom

On ajoute un signal interrogatif :
soit **est-ce que**, soit l'inversion sujet-verbe.

Elle est partie	avec qui ? ▶	Avec qui	est-ce qu'elle est partie ? **est-elle** partie ?
Elle l'a fait	pourquoi ? ▶	Pourquoi	est-ce qu'elle l'a fait ? **l'a-t-elle** fait ?
Il est venu	comment ? ▶	Comment	est-ce qu'il est venu ? **est-il** venu ?

● Le sujet est un nom

On ajoute un signal interrogatif : soit **est-ce que**, soit l'inversion sujet-verbe, soit le pronom de reprise (si le sujet est un nom).

Françoise est partie	avec qui ? ▶	Avec qui	est-ce que Françoise est partie ? Françoise **est-elle** partie ? est partie Françoise ?
Jean est venu	comment ? ▶	Comment	est-ce que Jean est venu ? Jean **est-il** venu ? est venu Jean ?

attention

Avec **pourquoi**, l'inversion sujet-verbe n'est pas possible si le sujet est un nom.

Sylvie l'a fait	pourquoi ? ▶	Pourquoi	est-ce que Sylvie l'a fait ? Sylvie **l'a-t-elle** fait ?

<table>
<tr><td>

1

Le h muet

</td><td>

● A la lettre **h** ne correspond aucun son en français.

Exemples :

une histoire	une heure	une huître	un hôpital
un homme	un hôtel	un hiver	hier
honnête	horrible	historique	heureux

● Attention à la prononciation **sans liaison** de :

en haut ɑ̃o,   des hors-d'œuvre de ɔʀdœvʀ°,   un haut-parleur ɛ̃ opaʀlœʀ

● **h** peut se trouver à l'intérieur d'un mot :

Exemples :

un athlète	un théâtre	le rhume	le rythme
la sympathie	une méthode	dehors	Athènes

</td></tr>
</table>

<table>
<tr><td>

2

Prononciation
de **tous**
et de **plus**

</td><td colspan="3">

			Exemples :
tous	● adjectif **tu** ● pronom **tus**		Il vient tous les jours. Ils sont tous là.
plus	● sens négatif	**ply**	Il n'y en a plus.
	● sens positif	**ply** + consonne **plyz** + voyelle **ply** **plys** en finale	Il est plus grand que Paul. C'est plus agréable. Un peu plus.
	● signe +	**plys**	$3 + 4 + 2 + 1 = 10$.

</td></tr>
</table>

<table>
<tr><td>

3

S'asseoir

</td><td colspan="3">

Le verbe **s'asseoir** au présent de l'indicatif :

deux radicaux :	je m'assieds	nous nous asseyons
singulier : **assied-**	tu t'assieds	vous vous asseyez
pluriel : **assey-**	il s'assied	ils s'asseyent

</td></tr>
</table>

<table>
<tr><td>

4

Tutoyer
et
appuyer

</td><td colspan="3">

Formes des verbes **tutoyer** et **appuyer** au présent de l'indicatif :

tutoyer	je tutoie	**appuyer**	j'appuie
deux radicaux :	nous tutoyons	deux radicaux :	nous appuyons
tutoi-, tutoy-	ils tutoient	appui-, appuy-	ils appuient

</td></tr>
</table>

---

1 Répondez (questions sur le dialogue).

1. Pourquoi Jean-Pierre ne pourra-t-il pas aller à la piscine avec Michel ?
2. Pourquoi Jean-Pierre ne raconte-t-il pas son secret à Michel ?
3. Est-ce qu'il est devenu un journaliste célèbre ?
4. Que vient-il de faire en province ?
5. Avec qui est-il parti ?
6. Florence est-elle aussi bavarde que Michel ?
7. Comment ont-ils conduit leur enquête ?
8. Quel accueil ont-ils eu ?

---

2 Transformez la phrase affirmative en phrase interrogative.

Exemple : Tu seras à Clermont-Ferrand.
→ Tu seras où ? Où est-ce que tu seras ? Où seras-tu ?
1. Il avait besoin de quelqu'un pour l'aider.
2. Ils sont partis en train.
3. Il reviendra chez lui dans quinze jours.
4. Tout le monde voulait parler.
5. Vous deviez terminer une enquête.

---

3 Répondez.

Votre argent de poche :
1. Est-ce que vous le gagnez vous-même ?
2. Comment le gagnez-vous ?
3. Si vos parents vous en donnent, quand le font-ils ?
4. Combien pouvez-vous dépenser chaque mois ?
5. Que faites-vous de cet argent ?

---

4 Présentez quelqu'un.

1. dans un salon élégant
2. à l'entrée d'une salle de cours
3. chez vous, à vos parents

Proverbe : On a souvent besoin d'un plus petit que soi.

1

Delphine et Isabelle sont assises à la terrasse du café « Le Latin », boulevard Saint-Michel, tout près de la Sorbonne. Guy, un ami de Delphine, arrive.

Guy : Bonjour, Delphine. Tu vas bien ?
Delphine : Bonjour, Guy. Ça va.
     (à Isabelle) : Je te présente Guy Couturier.
     (à Guy) : Isabelle Fabre.
Guy : Bonjour.
Isabelle (lui tendant la main) : Bonjour.
Delphine : Et maintenant, vous vous connaissez ; vous pouvez vous tutoyer.

2

Madame Girard et madame Lambert font des courses ensemble. Elles rencontrent madame Lacroix, la voisine de madame Lambert.

Mme Lambert (à Mme Lacroix) : Bonjour, Madame.
     (à Mme Girard) : Je vous présente madame Lacroix, ma voisine.
     (à Mme Lacroix) : Madame Girard, une vieille amie.
Mme Lacroix (à Mme Girard) : Madame.
Mme Girard (à Mme Lacroix) : Je suis heureuse de faire votre connaissance, Madame. Mon amie m'a souvent parlé de vous.

3

Madame Guérin est chez elle. Son fils Hervé revient du lycée avec un de ses camarades.

Hervé : Maman, voilà mon ami Alain Lafarge.
Alain : Bonjour, Madame.
Mme Guérin : Bonjour, Alain. Je suis très heureuse de vous connaître. Mon fils me parle toujours de vous.

4

Le docteur Ménardier a invité ses amis à un cocktail. Ils ne se connaissent pas tous.

Le docteur Ménardier (à Mme Saint-Ange qui entre) : Bonjour, chère Madame, je suis heureux de vous voir. Permettez-moi de vous présenter mon cousin Gérard Blainville qui est architecte à Versailles.
      (à son cousin) : Gérard, j'ai le plaisir de te présenter une charmante amie, Madame Saint-Ange.
Gérard Blainville : Mes hommages, Madame. Je suis enchanté...
Madame Saint-Ange : Monsieur.

1. L'ARGENT*
DE POCHE
DES ÉTUDIANTS

Comment le gagnent-ils?
Marianne : Je vais garder des bébés le
soir quand leurs parents sortent. Heureusement, je suis étudiante en méde-

cine et notre « Opération biberon »   5
est bien connue de tous. Les garçons
font de très bonnes mamans. Nous en
sommes presque jalouses!... Je gagne
cinq francs de l'heure et je reste trois
heures. Quand j'ai de la chance, je   10
travaille deux, quelquefois trois soirs
par semaine et je gagne de 100 à
150 francs par mois. Cela fait une
robe et des bas.

Marc : Pour les garçons ce n'est pas   15
facile de trouver du travail. Mes
copains de médecine acceptent de
donner le biberon aux bébés des
autres, mais moi, je n'aime pas ça.
Alors, avec quelques amis, nous   20

avons formé un groupe de peintres
amateurs. Nous peignons et nous
repeignons des appartements, des

meubles, des portes. Tenir un pin-
ceau, ce n'est pas très difficile, mais   25
au bout de quelques heures ça devient
très fatigant. Essayez donc de peindre
un plafond. Nos week-ends ne sont
peut-être pas très amusants, mais à
la fin du mois, ça fait quelques dis-   30
ques et des places de concert.

Jean-Pierre et Dominique: Nous voulons
bien travailler, mais aussi nous
amuser en même temps. Alors nous
faisons du théâtre. Nous gagnons un   35
peu d'argent en représentant, sur
la scène, toutes sortes de person-
nages. S'il y a une armée, nous som-

mes des soldats, s'il y a un marché,
nous sommes des paysans, s'il y a un   40
voyage en mer, nous sommes des
marins. Nous avons été Chinois,

Espagnols, Mexicains, Russes. C'est
drôle quelquefois, surtout pour
Dominique qui veut être acteur. Il   45

croit toujours que les gens n'applau-
dissent que lui! A la fin du mois ça
fait des livres pour moi, et pour
Dominique, des places dans tous les
théâtres de Paris.   50

2. AH !
CE TÉLÉPHONE !

Monsieur Molinier appelle le bureau des renseignements de l'Électricité de France.

M. *Molinier :* Allô, l'Électricité de France ? Pouvez-vous me donner un ₅

renseignement ?

L'employé : Monsieur Rouvray et Monsieur Lallemand ? Ce n'est pas ici.

M. *Molinier :* J'ai dit : « Pouvez-vous ₁₀ me donner un renseignement ? »

L'employé : Non, Monsieur. Ici, ce

n'est pas le bureau de l'enseignement.

M. *Molinier :* Pouvez-vous me dire combien coûte l'installation d'un ₁₅ chauffage électrique ?

L'employé : Ah, maintenant je vous entends bien. Combien coûte quoi ?

M. *Molinier :* L'installation d'un chauffage électrique. C'est pour une ₂₀ maison à la campagne.

L'employé : Où ?

M. *Molinier :* A la campagne .

L'employé : A la montagne ? A la montagne, à la mer, en ville, à la ₂₅ campagne, c'est le même prix, Monsieur.

M. *Molinier :* Ah, bon. J'ai besoin de connaître ce prix assez vite.

L'employé : Vous avez besoin de le ₃₀ connaître quand ?

M. *Molinier :* Vite.

L'employé : Ce n'est pas la peine de crier, Monsieur. J'entends très bien. Essayez seulement de vous expliquer ₃₅ clairement.

M. *Molinier :* De m'expliquer comment ?

L'employé : Comment ? Comment ? Qu'est-ce que vous voulez dire ? ₄₀

M. *Molinier :* Rien, rien du tout. Merci beaucoup. Je vous écrirai.

Yves Dumont
et Jean-Pierre Molinier
sont à Toulouse.
Ils attendent devant le lycée
la sortie
des élèves de première.

1 *Yves Dumont :* Bonjour. Vous avez réfléchi à nos questions d'hier ? Vous disiez que vous n'étiez pas satisfaits de l'organisation et des programmes de l'enseignement secondaire actuel.

2 *Mathieu (un des lycéens) :* Oui, moi, je trouve que nous sommes beaucoup trop passifs en classe. Nous passons notre temps à écouter le professeur.

3 *Daniel (un autre lycéen) :* Ce n'est pas vrai partout. Dans ma première nous discutons beaucoup, en classe de français surtout.

4 *Béatrice (une lycéenne) :* Eh bien, dans la mienne, on n'ouvre pas la bouche. Nous ne faisons que prendre des notes.

5 *Jean-Pierre :* Donc vous pensez que vous avez des choses à dire et vous souhaitez participer plus activement à la classe.

6 *Mathieu :* Oui, nous voulons davantage de dialogue avec nos professeurs.

7 *Yves Dumont :* Je comprends, mais est-ce possible avec les programmes actuels ?

8 *Béatrice :* Ah ! nos programmes ! Ils sont encyclopédiques, beaucoup trop lourds. Nous n'arrivons presque jamais à les terminer avant la fin de l'année.

9 *Daniel* : C'est vrai. Nous manquons toujours de temps. Pourtant nous réclamons davantage de cours sur l'art, la peinture, la musique, par exemple. Il y a tellement de choses que nous devons apprendre en dehors du lycée.

10 *Mathieu* : Et nous n'avons que deux heures de gymnastique par semaine pendant nos sept ans d'études. Ce n'est vraiment pas assez.

11 *Jean-Pierre* : Mais vous savez bien que tout ce que vous réclamez existe déjà dans certains lycées.

12 *Béatrice* : Oui, peut-être, mais pas dans le nôtre, malheureusement.

13 *Mathieu* : Le plus grave, c'est que le lycée ne nous prépare pas du tout à la vie.

14 *Daniel* : Je ne suis pas d'accord avec toi sur ce point. Le lycée doit seulement nous donner une bonne culture générale.

15 *Béatrice* : Ça, c'est discutable !

16 *Mathieu* : Notre enseignement est coupé de la vie réelle. L'actualité et les problèmes de tous les jours n'y entrent même pas.

17 *Yves Dumont* : Pourtant ce que vous apprenez est indispensable pour mieux comprendre le monde où vous vivez.

18 *Mathieu* : Peut-être, mais pourquoi ne parlons-nous jamais en classe de ce monde-là ?

19 *Monsieur Richard (professeur de première)* : De quoi voulez-vous parler en classe, Lebail ? Excusez-moi, Messieurs, j'ai entendu une partie de votre conversation et il me semble que vous accusez les professeurs.

20 *Yves Dumont* : Non, pas les professeurs, mais le système. Permettez-moi de vous féliciter, Monsieur. Vos élèves ne manquent ni d'idées ni de sens critique.

Jacques Boyer est en seconde au lycée Lavoisier, à Paris.

A la fin de chaque trimestre ses parents reçoivent un bulletin trimestriel qui contient les notes de Jacques aux compositions et les appréciations de ses professeurs.

LYCÉE LAVOISIER
19, rue Henri-Barbusse, Paris Vᵉ.

Année scolaire 19.70 19.71

Nom : **BOYER** Prénom : **Jacques**

Né le : **15.8.1954**
à : **Paris XIVᵉ.**

1ᵉʳ trimestre
Classe : **2ᵉᵐᵉ Ca2**

NOMBRE D'ÉLÈVES DANS LA CLASSE : **35**	COMPOSITIONS		CONDUITE	TRAVAIL	Appréciations des professeurs sur la méthode de travail.
	NOTES /20	PLACES			
MATHÉMATIQUES	10	13ᵉ	B	AB	*Ensemble moyen*
SCIENCES PHYSIQUES	9,5	18ᵉ	B	B	*Très consciencieux, doit dépasser la moyenne.*
HISTOIRE	9	17ᵉ	B	AB	*Doit mieux faire.*
COMPOSITION FRANÇAISE	10	15ᵉ	B	B	*Élève moyen doit travailler davantage.*
LATIN	12	6ᵉ	B	B	*Assez bon travail*
LANGUE 1 ALLEMAND	13	7ᵉ	B	AB	*Satisfaisant*
LANGUE 2 ANGLAIS	17	1ᵉʳ	B	B	*travail intéressant Bon trimestre.*
ÉDUCATION PHYSIQUE	6,5	30ᵉ	B		*faible*

Voici l'emploi du temps de Jacques Boyer pour la semaine:

	LUNDI	MARDI	MERCREDI	JEUDI	VENDREDI	SAMEDI
8 - 9	LATIN	PHYSIQUE	ALLEMAND		ALLEMAND	LATIN
9 - 10	FRANÇAIS	STADE	FRANÇAIS	A - GÉOGRAPHIE B - INSTRUCTION CIVIQUE	HISTOIRE	FRANÇAIS
10 - 11	GÉOGRAPHIE	STADE	HISTOIRE	GÉOMÉTRIE	ALGÈBRE	CHIMIE
11 - 12	MATHÉMATIQUES	STADE		GÉOMÉTRIE		
14 - 15	PHYSIQUE		ALGÈBRE		ANGLAIS	
15 - 16	PHYSIQUE	FRANÇAIS	ANGLAIS		TRAVAUX PRATIQUES PHYSIQUE CHIMIE	
16 - 17	ALLEMAND	ANGLAIS	LATIN			

Organisation de l'enseignement en France.

ÂGE				
18 ANS ET PLUS		FACULTÉS	GRANDES ÉCOLES	I.U.T. INSTITUT UNIVERSITAIRE DE TECHNOLOGIE
DE 15 A 18 ANS	TERMINALES 1re 2e	LYCÉE (2e CYCLE)		COLLÈGE D'ENSEIGNEMENT TECHNIQUE
DE 11 A 15 ANS	3e 4e 5e 6e	LYCÉES MODERNES ET CLASSIQUES (1er CYCLE)		COLLÈGE D'ENSEIGNEMENT SECONDAIRE. C.E.S. COLLÈGE D'ENSEIGNEMENT GÉNÉRAL. C.E.G.
DE 6 A 11 ANS	7e 8e 9e 10e 11e	ÉCOLE PRIMAIRE		
MOINS DE 6 ANS		ÉCOLE MATERNELLE / JARDIN D'ENFANTS		

1

L'imparfait
suite

● L'imparfait peut indiquer que l'**action passée** était **habituelle** :

Exemples :

Chaque mois Yves Dumont **faisait** une enquête. Il **allait** dans les cafés, dans les bureaux, dans les écoles. Quand il **avait** assez de renseignements, il **écrivait** son article.

Quand j'**étais** en vacances à Cannes, je me **levais** très tôt. Je me **baignais**, puis nous **jouions** au ballon sur la plage. L'après-midi nous **faisions** de grandes promenades à bicyclette et le soir nous **dansions** chez Hélène.

L'année dernière, il **achetait** le journal tous les dimanches et il **restait** chez lui toute la journée. Maintenant, il ne lit plus le dimanche, il va à la campagne.

● Dans les phrases **interrogatives** commençant par **si**, l'imparfait indique une **suggestion**.

Exemples :

- **Si** nous **allions** voir Hélène cet après-midi ?
- Oui, c'est une bonne idée.

- **Si** Charles **commençait** à parler ?
- C'est ça. Vas-y Charles.

- **Si** tu **venais** avec nous faire des courses ?
- Avec plaisir.

● Dans les phrases **exclamatives** commençant par **si**, l'imparfait indique un **souhait** ou un **regret**.

Exemples :

Ah ! **Si** j'**étais** riche !...

S'il **faisait** beau !...

S'il **pouvait** être bon danseur !...

● Dans les propositions **subordonnées**, le verbe est à l'**imparfait** si le verbe de la proposition **principale** est à un **temps du passé**.

Présent	Passé	
Il voit qu'elle est triste. ▶	Il **a vu** Il **voyait**	qu'elle **était** triste.
Tu crois qu'il travaille. ▶	Tu **as cru** Tu **croyais**	qu'elle **travaillait**.

2

Les pronoms possessifs

le mien la mienne	les miens les miennes	le la nôtre	les nôtres
le tien la tienne	les tiens les tiennes	le la vôtre	les vôtres
le sien la sienne	les siens les siennes	le la leur	les leurs

Ce livre est à **moi**. ▶ C'est **le mien**.

C'est **ta** voiture. ▶ C'est **la tienne**.

Ce sont **ses** amis. ▶ Ce sont **les siens**.

Ce sont **leurs** chansons. ▶ Ce sont **les leurs**.

attention

L'article du pronom possessif se combine avec **à** et **de**.

Exemples :

Nous avons discuté de nos programmes. Maintenant discutons **des vôtres**.
J'ai réfléchi à tes problèmes. Pense **aux miens**.

1

Noms
se terminant
en **-é**
et **-ée**

● La plupart des noms se terminant en **-ée** sont féminins.

Exemples :

une année	une soirée	une pensée	une dictée
une journée	une idée	la rentrée	une matinée

attention˙: le lycée

● La plupart des noms se terminant en **-té** sont féminins.

Exemples :

la facilité	la qualité	la beauté	l'actualité
la difficulté	la quantité	la nouveauté	l'amitié

attention : un été, un côté

2

Pronoms
possessifs

● 1re, 2e et 3e personnes du singulier (1 seul possesseur)

masculin : $\tilde{\varepsilon}$		féminin: εn	
singulier	**pluriel**	**singulier**	**pluriel**
le mien	les miens	la mienne	les miennes
le tien	les tiens	la tienne	les tiennes
le sien	les siens	la sienne	les siennes
C'est **son** stylo ? Oui, c'est **le sien.**		C'est **ta** maison ? Oui, c'est **la mienne.**	

● 1re et 2e pers. du pluriel (plusieurs possesseurs ou un seul = vous de politesse)

masculin et féminin = o			**attention :**
	singulier	**pluriel**	L'adjectif possessif s'écrit sans accent circonflexe et se prononce ɔ :
le la	nôtre	les	nôtres notʁ°
			C'est votre maison ? vɔtʁ°
			Oui, c'est la nôtre. notʁ°
le la	vôtre	les	vôtres votʁ°
			C'est notre valise ? nɔtʁ°
			Oui, c'est la nôtre. notʁ°

1 Répondez (questions sur le dialogue).

1. De quoi ces lycéens ne sont-ils pas satisfaits ?
2. Quelle raison donnent Mathieu et Béatrice ?
3. Que souhaitent-ils ?
4. Quelle critique font-ils des programmes ?
5. Le lycée permet-il de tout apprendre ?
6. Quelle est la critique la plus grave ?
7. Quelles raisons peut-on donner pour défendre les programmes ?
8. Qui accuse-t-on ?

2 Répondez négativement.

Exemple : — C'est bien votre lycée ?   →   — Non, ce n'est pas le nôtre.
1. — C'est bien ton idée ?
2. — C'est bien son programme ?
3. — C'est bien votre classe ?
4. — C'est bien leurs critiques ?
5. — C'est bien ta robe ?

3 Que disent-ils ?

Exemple : Nous voulons jouer au ballon.   →   Nous disons : « Ah ! si nous jouions au ballon ! »
          Il veut être riche.   →   Il dit : « Ah ! si j'étais riche ! »
1. Il veut partir en vacances.
2. Elle veut être première.
3. Nous voulons faire du théâtre.
4. Elle veut être actrice.
5. Nous voulons recevoir nos amis plus souvent.
6. Il veut savoir danser.
7. Nous voulons discuter en classe.
8. Nous voulons apprendre les mathématiques modernes.

4 Imaginez le dialogue.

Vous félicitez un ami de l'équipe de football qui vient de gagner le match.

Proverbe : La critique est aisée mais l'art est difficile.

1

Delphine (2ᵉ A) et Isabelle (2ᵉ C) parlent de leur travail de classe.

Delphine : Alors, cette « compo » d'histoire ?
Isabelle : Ma vieille, je suis première avec 14.
Delphine : Bravo, c'est vraiment bien. Si je pouvais avoir la même place que toi !

2

Comme tous les lundis à la même heure voici l'émission « Je sais tout ».

... Chers amis, j'ai le plaisir de vous présenter monsieur Guillaume Lambert qui vient d'obtenir la première place à notre concours « Je sais tout ». On l'applaudit très fort. Bravo, Monsieur Lambert ! Pendant huit semaines, vous avez su répondre à toutes nos questions, et pourtant elles étaient très difficiles, surtout les dernières. Mes compliments ! Vous recevrez donc, avec nos félicitations, les quatre-vingt-deux volumes de la Grande Encyclopédie qui vont vous permettre d'augmenter encore vos connaissances et, peut-être, de revenir devant nos caméras pour un autre concours « Je sais tout ».

3

Madame Guérin, qui a fait des courses avec madame Lafont, donne à son mari les dernières nouvelles de leurs amis.

Mme Guérin : Tu te rappelles Evelyne ?
M. Guérin : Evelyne qui ?
Mme Guérin : Evelyne Barbier, cette jeune fille très élégante qu'on voyait toujours avec ton ami Gérard.
M. Guérin : Ah ! oui, et alors ?
Mme Guérin : Ils se marient.
M. Guérin : Ah ! bravo, je vais le féliciter.

☆　　☆　　☆

M. Guérin : Allô, Gérard ? Mon vieux, je viens juste d'apprendre la grande nouvelle et je te félicite.
Gérard Blainville : Tu crois que j'ai raison de me marier ?
M. Guérin : Bien sûr que oui. Ma femme écoute notre conversation. Je ne peux pas te répondre autre chose !

4

Deux cartes de visite adressées à Gérard Blainville :

M. et Mme Bertrand LAFONT

avec tous nos compliments et nos félicitations

avec les plus sincères félicitations et les meilleurs vœux de

M. et Mme Joël GUÉRIN

UNE LETTRE D'EMMANUEL A SES PARENTS

Emmanuel est pensionnaire au Lycée de Tulle dans le Massif Central. Ses parents habitent à quatre kilomètres de là dans un village. Emmanuel leur écrit tous les dimanches.

Chers Parents

Vous vous demandez sans doute si je m'habitue à ma nouvelle vie de pensionnaire. Maman pense certainement que j'oublie de mettre mon chandail quand il fait froid. Elle a tort. Je n'oublie jamais de mettre mon chandail parce qu'il fait moins chaud au lycée qu'à la maison.

Papa lui, doit s'inquiéter de ma place en géométrie. La composition n'est que le 18 novembre mais j'ai déjà eu une note de devoir : 11/20. Ce n'est pas excellent mais pas mauvais non plus n'est-ce pas ? Le professeur explique bien mais il donne trop de problèmes à faire. Et j'ai tout juste le temps de les finir pendant les heures d'étude. Ne dites pas tous les deux que c'est parce que je suis lent. Nous sommes très, très occupés. Écoutez un peu cet emploi du temps :

Lever, 7 heures : c'est le moment le moins drôle. Si je pouvais rester un quart d'heure de plus au lit !... Mais le surveillant est sans pitié. « Allez, levez-vous, habillez-vous, coiffez-vous, et sans bruit, s'il vous plaît ! » Je ne me réveille vraiment qu'au café au lait. Après le petit déjeuner, on joue dans la cour, puis nous avons des cours jusqu'à midi - récréation, repas - cours jusqu'à 4 heures - goûter (merci à maman pour les confitures et les gâteaux), étude jusqu'au dîner qui est à 7 h 30 - 1/2 heure dans la salle de jeux, encore une heure d'étude et nous allons au lit.

Ce que j'aime : les copains. J'en ai déjà toute une bande et nous nous amusons bien. Le garçon qui a son lit à côté du mien est formidable : il sait jouer de la flûte, et de l'accordéon et il habite à 12 kilomètres de chez nous ! Je pourrai aller le voir en vélo cet été.

Ce que je n'aime pas : me mettre en rang tout le temps et ne pas avoir le droit de parler au dortoir et en étude. Les surveillants : quelques-uns sont gentils mais, en général, ils sont sévères. Les profs sont plutôt bons. J'aime bien le français et la géographie. Le latin n'est pas drôle, mais, comme dit papa, il en faut ! En histoire, ça va. En maths, ça ira. En gymnastique c'est très, très bien, c'est moi qui saute le plus haut et qui lance le poids le plus loin. Si la géométrie me résiste trop, je deviendrai prof de gymnastique ; qu'en dites-vous ? Nous mangeons bien. Rien ne vaut, bien sûr, les gigots et les crèmes de maman ; mais ce n'est pas si mal. Je me demande si maman réussirait aussi bien sa crème au chocolat si elle devait la faire pour deux cent quatre vingt garçons.

Le jeudi nous pouvons faire du sport au stade : j'ai choisi l'athlétisme et le football. L'équipe du lycée est assez forte : je vais essayer d'y entrer.

Vos amis sont venus deux fois me chercher le dimanche : ils sont très gentils mais leur fille est une snob. Parce qu'elle a dix-huit ans elle me parle comme si j'étais encore un petit garçon. Ah, les filles, quelle drôle d'espèce ! Donnez quand même mon bon souvenir à Josiane et dites-lui de m'écrire. La distribution du courrier est le meilleur moment de la journée.

Donnez-moi aussi des nouvelles d'Étienne et de son frère. Est-ce que le pommier du jardin a beaucoup de pommes cette année ? Je voudrais bien les ramasser comme d'habitude. Est-ce que papa a tué beaucoup de lapins à la chasse ? Je compte bien qu'il en tuera un la veille de la grande sortie ; c'est dans trois semaines. Je serai vraiment content de revoir Savignac et de vous embrasser. En attendant recevez de bons baisers de votre fils

Emmanuel

12 | Il suffit de poser des questions

Yves Dumont
et Jean-Pierre Molinier
sont dans une grande rue de
Clermont-Ferrand. Il est midi :
les ouvriers sortent des
usines, les vendeurs de leurs
magasins, les employés
de leurs bureaux. Il n'y a plus
qu'à choisir les jeunes gens
qui voudront bien répondre
aux questions des journalistes.

1 *Yves :* Regarde ce garçon, il a l'air sympathique.

2 *Jean-Pierre :* Oui, allons-y. C'est toi qui parles.

3 *Yves :* Non, toi. Il a ton âge.

4 *Jean-Pierre :* Pardon, Monsieur. Est-ce que vous pouvez nous accorder quelques minutes ?

5 *Le jeune homme :* De quoi s'agit-il ?

6 *Yves :* Nous sommes deux journalistes de « France-Jour », et nous faisons une enquête sur la jeunesse. Il s'agit seulement de répondre à quelques questions. Vous voulez bien ?

7 *Le jeune homme :* Quel genre de questions ?

8 *Jean-Pierre :* Nous ne voulons pas vous ennuyer, ni vous obliger à parler si vous n'en avez pas envie.

9 *Yves :* Nos questions sont très simples. Par exemple : quel travail faites-vous ? en êtes-vous satisfait ?

10 *Le jeune homme :* Ah, non ! Mon patron est souvent de mauvaise humeur. Je travaille de huit heures à midi et de une heure à six heures, et je suis obligé de faire des heures

supplémentaires, même le samedi matin. Tout ça pour sept cents francs par mois ! Excusez-moi, mais je n'ai qu'une heure pour déjeuner, et j'ai faim. J'ai réparé des voitures toute la matinée et je n'ai pas de temps à perdre. Au revoir, Messieurs.

11 *Yves :* Merci quand même, et bon appétit. Note : un mécanicien mécontent.

12 *Jean-Pierre :* Eh bien ! Il avait l'air aimable...

13 *Yves :* Tu sais, il faut le comprendre. Mets-toi à sa place. Et puis, nous lui avons fait perdre du temps.

Un moment plus tard, dans un café, Yves Dumont et Jean-Pierre Molinier s'adressent à des jeunes gens assis à la table voisine.

14 *Yves :* Excusez-moi de vous déranger et permettez-moi de me présenter : Yves Dumont, journaliste à « France-Jour », et voici mon assistant, Jean-Pierre Molinier. Nous faisons une enquête sur la jeunesse...

Deux heures après, dans le même café. On a beaucoup fumé, beaucoup bavardé, beaucoup discuté.

15 *Une jeune fille :* Voilà. Je crois que nous n'avons plus rien à vous dire. Ah ! vous savez faire parler les gens !

16 *Jean-Pierre :* Merci, merci beaucoup. Nous avons assez de renseignements pour écrire un magnifique article, n'est-ce pas Yves ?

17 *Yves :* Oui, oui, sans doute, mais il nous reste encore beaucoup de travail à faire.

18 *Jean-Pierre :* Ils étaient vraiment sympathiques, surtout Françoise. Tu crois que je peux l'inviter à danser ce soir ?

19 *Yves :* Tu n'y penses pas ! Ni ce soir ni demain ! Nous devons reprendre tes notes et voir ce que nous pouvons en faire.

20 *Jean-Pierre :* Eh bien, moi qui croyais que la vie des journalistes était drôle...

● Je connais Patrick : il est grand, blond, un peu triste.
● Je ne connais pas bien Emmanuel : je ne l'ai vu qu'une fois.
  Il a l'air sympathique, mais je ne sais pas s'il l'est vraiment.

Il est
petit - grand.
blond - brun.
gros - maigre.
fort - faible.

Il a l'air
ou
il est

jeune - vieux.
gai - triste.
fatigué.
bavard - réservé.
jaloux.
français.

Il avait l'air satisfait, mais il était très mécontent.
Il a l'air jeune, mais il a déjà trente ans.

> Attention :
>
> Il est gentil ? — Je ne sais pas, mais il en a l'air.
> Vous la connaissez ? Elle est sympathique ? — Elle en a l'air.

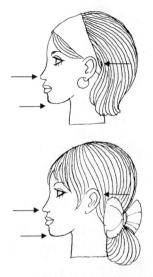

Regardez monsieur Michaud.
Regardez son fils Alain.
Ils se ressemblent.
Alain Michaud ressemble à son père.

France a le même nez que
sa sœur Caroline, les mêmes yeux noirs :
elle lui ressemble.
Elles ont
le même menton, les mêmes oreilles.

Monsieur Ledoux est maçon ;
il construit une maison.

Monsieur Périer est architecte ;
il fait construire une maison.

Monsieur Durand n'a pas encore de maison,
il se fait construire une maison.

Elle fait une robe.

Il envoie un paquet.

Elle fait faire une robe.

Il fait envoyer un paquet.

Elle se fait faire une robe.

Il se fait envoyer un paquet.

La négation ●	**avec un verbe conjugué :**	
	Exemples :	
1	Ils aiment le pain.	Ils **n'**aiment **pas** le pain.
Place de :	Ils ont mangé du pain.	Ils **n'**ont **pas** mangé de pain.
ne... pas	C'est du pain.	Ce **n'**est **pas** du pain.
ne... jamais	Ils l'ont vu.	Ils **ne** l'ont **pas** vu.
ne... plus	Elles vont souvent au théâtre.	Elles **ne** vont **jamais** au théâtre.
	Vous y serez toujours.	Vous **n'**y serez **plus**.

●	**devant un infinitif :**	
	Je préfère y aller.	Je préfère **ne pas** y aller.
	Il désire les rencontrer.	Il désire **ne jamais** les rencontrer.

attention	**après sans :**	**Exemples :**
	• ne pas utiliser ne... pas	Elle est partie **sans** le voir.
	• supprimer ne dans	Il est venu souvent **sans jamais**
	les autres négations.	les rencontrer.

2	**sujet :**	**Exemples :**
Place de :		**Personne ne** marche.
ne... personne		**Rien n'**est arrivé.
ne... rien		**Aucun n'**est là.
ne... aucun		

●	**objet :**	
	Je **ne** vois **personne**.	Je **n'**ai vu **personne**.
	Je **n'**entends **rien**.	Je **n'**ai **rien** entendu.
	Je **n'**en reconnais **aucun**.	Je **n'**en ai reconnu **aucun**.
	Il est sorti pour **ne rien** voir.	Il est sorti **sans** voir **personne**.
	Elle regrette de **n'**avoir **rien** vu.	Ils sont partis **sans** avoir vu **personne**.

Ne...
Ni... Ni...

Exemples :

Ils ont des frères et des sœurs.	Ils	**n'**	ont	**ni**	frères	**ni**	sœurs.
Je bois de la bière et du vin.	Je	**ne**	bois	**ni**	bière	**ni**	vin.
	Je	**ne**	bois	**ni**	de la bière	**ni**	du vin, mais de l'eau.
Elles aiment les gâteaux et le champagne.	Elles	**n'**	aiment	**ni**	les gâteaux	**ni**	le champagne.
Elle a dansé et chanté.	Elle	**n'**	a	**ni**	dansé	**ni**	chanté.
Il veut travailler et continuer ses études.	Il	**ne**	veut	**ni**	travailler	**ni**	continuer ses études.

	Ni	lui	**ni**	ses frères	**ne**	sont venus.
Ils	**n'**	ont écrit	**ni**	l'un	**ni**	l'autre. = Aucun des deux n'a écrit.
Elles	**n'**	ont écrit	**ni**	l'une	**ni**	l'autre. = Aucune des deux n'a écrit.
Ils	**n'**	ont répondu	**ni**	les uns	**ni**	les autres. = Aucun d'eux n'a répondu.
Il	**ne**	dit	**ni**	oui	**ni**	non.

4

Réponses négatives courtes

C'est ennuyeux ? ▶ Non, pas du tout. / Absolument pas.

Voulez-vous encore du gâteau ? ▶ Merci, plus de gâteau.

Je vous ai fait mal ? ▶ Non, ce n'est rien.

Voulez-vous une cigarette ? ▶ Non, merci.

Il y a encore du lait ? ▶ Non, plus du tout.

Tu veux du dessert ? ▶ Non, merci, pas de dessert.

	terminaisons en ã			terminaisons en ɛ̃	

1

Orthographe des terminaisons en ã et en ɛ̃

	-ent	seulement, cent		**-in**	la fin, du vin
	-emps	le temps		**-ein**	plein
	-ant	fatigant, devant		**-ain**	du pain, un bain
–ã	**-and**	Clermont-Ferrand	–ɛ̃	**-aim**	il a faim
	-ans	sans, dans		**-en**	bien, un examen
	-ang	du sang		**-un**	aucun, chacun
	-anc	blanc		**-uns**	quelques-uns

2

Avoir l'air + adjectif

Elle	a l'air	gentil et intelligent.
féminin	*masculin*	*masculin* *masculin*

Les enfants	ont l'air	gentil et intelligent.
pluriel	*singulier*	*singulier* *singulier*

attention

L'adjectif s'accorde avec **air,** mais on peut aussi faire l'accord avec le **sujet.**

3

Conjugaison des verbes peindre et se plaindre

● **présent**		● **passé composé**
je peins	je me plains	j'ai peint, je me suis plaint...
tu peins	tu te plains	● **imparfait**
il peint	il se plaint	je peignais, je me plaignais...
nous peignons	nous nous plaignons	
vous peignez	vous vous plaignez	● **futur**
ils peignent	ils se plaignent	je peindrai, je me plaindrai...

Peindre se conjugue comme **se plaindre.**

---

1 Répondez (questions sur le dialogue).

1. A qui Jean-Pierre Molinier et Yves Dumont posent-ils leurs questions ?
2. Comment se présentent les journalistes ?
3. Quel genre de questions posent-ils ?
4. Combien d'heures le mécanicien travaille-t-il par semaine ?
5. Pourquoi n'a-t-il pas de temps à perdre ?
6. Qui ont-ils fait parler au café ?
7. Est-ce que leur travail est fini ?
8. Pourquoi Jean-Pierre pense-t-il que la vie des journalistes n'est pas drôle ?

---

2 Transformez d'après le modèle.

Exemple : Vous avez passé la journée tout seul. Vous n'avez parlé à personne.
→ J'ai passé toute la journée seul sans parler à personne.
1. Vous êtes resté chez vous. Vous n'avez pensé à rien.
2. Vous êtes resté devant votre page blanche. Vous n'avez rien écrit.
3. Vous avez vu tous les magasins. Vous n'avez rien acheté.
4. Vous avez tout entendu. Vous ne vous êtes pas plaint.
5. Vous avez passé la soirée chez vos amis. Vous n'avez fait la connaissance de personne.

---

3 Construisez un questionnaire.

D'après le texte du dossier, construisez un questionnaire
pour interviewer des jeunes de votre pays sur leurs goûts, leurs loisirs et leurs projets.

---

4 Faites le portrait d'une personne que vous connaissez bien.

Il (elle) a le visage carré, rond, ... les yeux bleus, verts, ...
Il (elle) a l'air... **ou bien** il (elle) n'est pas... mais il (elle) en a l'air.
Il (elle) ressemble à...
Il (elle) aime...
Il (elle) a la même (les mêmes)... que...

Proverbe : Aide-toi, le ciel t'aidera.

1

Delphine a terminé ses devoirs. Elle va maintenant pouvoir regarder la télévision.

Mme Guérin : Delphine, tu as fini ton travail ? Alors, tu peux aller faire des courses.
Delphine : Encore ?
Mme Guérin : Bien sûr ! Tu auras faim ce soir, n'est-ce pas ? Alors, va acheter ce qu'il faut pour le dîner.
Delphine : C'est toujours moi qui fais les courses. J'en ai assez. Envoie Pascal.
Mme Guérin : Non, tu sais bien qu'il est trop petit. Eh bien, c'est moi qui irai.
Delphine : Bon. Donne-moi la liste. Mais dans cette maison je passe mon temps à faire des choses pour les autres.

2

Sylviane Lafont a tout pour être heureuse mais...

Mme Guérin : Bonjour, Sylviane. Tu n'as pas l'air de bonne humeur aujourd'hui.
Mme Lafont : Oh ! non ! J'en ai assez !
Mme Guérin : Je ne comprends pas. De quoi te plains-tu ? Tu as deux beaux enfants, un mari gentil...
Mme Lafont : Oui, un mari gentil, mais qui n'est jamais là. En ce moment, il voyage trois jours par semaine.
Mme Guérin : Mais c'est pour son travail... Tu as un bel appartement.
Mme Lafont : Mais il est bien trop grand ! Faire le ménage de cinq pièces, c'est fatigant !
Mme Guérin : Écoute, je trouve que tu n'as pas le droit de te plaindre. Regarde ton amie Nicole : elle a six enfants dans un appartement de quatre pièces et elle est toujours de bonne humeur !

3

Au bureau des réclamations.

Mme Guérin : Bonjour, Monsieur.
L'employé : Bonjour, Madame.
Mme Guérin : J'ai une réclamation à faire.
L'employé : Je vous écoute, Madame.
Mme Guérin : Voilà. J'ai commandé par téléphone il y a une dizaine de jours, une jupe blanche, taille 42, et j'ai reçu une jupe grise taille 40.
L'employé : C'est une erreur. J'en suis désolé, Madame. On va changer votre jupe.
Mme Guérin : Non, justement, c'est impossible. J'ai déjà demandé. Il n'y a plus de jupe blanche, taille 42. Je suis très mécontente.
L'employé : Je comprends, Madame. Je vais voir ce que je peux faire pour vous.

4

Au commissariat de police.

Mme Lafont : Bonjour, Monsieur. Est-ce que je peux parler à monsieur le Commissaire ?
L'employé : De quoi s'agit-il, Madame ?
Mme Lafont : Je veux déposer une plainte.
L'employé : Une plainte contre qui ?
Mme Lafont : Contre mes voisins. Ils font beaucoup trop de bruit. On entend leur radio comme si elle était chez nous. Presque tous les soirs, ils mettent des disques jusqu'à une heure ou même deux heures du matin ! Nous ne pouvons pas dormir.
L'employé : Je comprends.
Mme Lafont : Est-ce que vous pouvez faire quelque chose ?
L'employé : Peut-être. Mais d'abord, vous devez aller parler à vos voisins. Il vaut mieux essayer de vous mettre d'accord sans notre intervention. Si vous n'obtenez pas satisfaction, revenez me voir.

RÉPONSES AU QUESTIONNAIRE

Voici les réponses de : Françoise Rodin, Alain Saunier, Henri Fontaine.

1. Age :
Françoise : 18 ans
Alain : 18 ans 1/2
Henri : 17 ans

2. Sexe :
Françoise : féminin
Alain : masculin
Henri : masculin

3. Occupation actuelle :
Françoise : élève infirmière
Alain : étudiant en chimie
Henri : employé de banque

4. Où habitez-vous ?
Françoise : **Chez** mes parents.
Alain : Dans une maison d'étudiants.
Henri : Dans une chambre louée.

5. Combien d'argent de poche avez-vous par mois ?
Françoise : 100 francs.
Alain : De 50 à 60 francs.
Henri : 150 francs.

6. A quoi l'utilisez-vous ?
Françoise : Vêtements, sorties, vacances.
Alain : Disques, livres, sorties.
Henri : Disques, sorties, achat d'une voiture.

7. Combien de fois sortez-vous par semaine ? Que faites-vous ?
Françoise : Une fois, plus le dimanche. Cinéma et bal.
Alain : Deux, trois fois. Concerts, théâtre, club d'étudiants.

Henri : Deux fois. Cinéma, bal, café.

8. Aimez-vous votre profession? Pourquoi?

Françoise : Oui, mais elle est très dure.

Alain : Oui et non. C'est trop conven- 40 tionnel, mais c'est indispensable pour arriver à quelque chose d'intéressant.

Henri : Non. Elle est trop monotone et ne m'intéresse pas vraiment. Elle n'est pas assez bien payée. 45

9. Vous entendez-vous bien avec vos parents?

Françoise : Oui. Ils me laissent sortir seule, mais ils veulent connaître mes amis. 50

Alain : Oui, parce qu'ils sont loin! Ils ne comprennent aucune des idées d'aujourd'hui et parlent toujours de leur jeunesse.

Henri : Non. Chez eux, je suis toujours 55 le petit garçon qui ne sait rien et ne peut rien décider tout seul.

10. Quand vous marierez-vous?

Françoise : Le plus tôt possible et j'aurai quatre enfants! Je suis déjà 60 <u>fiancée</u>.

Alain : Jamais. Le mariage est la négation de la liberté; c'est une institution bourgeoise que je refuse.

Henri : Je ne sais pas encore, pas 65 avant 25 ans. J'ai des camarades, mais aucune ne me plaît assez.

11. Êtes-vous intéressé par la poli- tique? Êtes-vous inscrit à un parti?

Françoise : Un peu, mon fiancé en 70 parle souvent, j'essaie de comprendre. Non, pas encore.

Alain : Naturellement, personne ne peut rester indifférent. Ce sont les politiciens qui font marcher le 75 monde.

Je vais aux réunions politiques mais je ne suis pas inscrit à un parti: la liberté avant tout.

Henri : Oui, je suis membre du syn- 80 dicat et j'assiste à toutes les réu- nions. Je crois à l'action politique pour faire changer mes conditions de travail et de vie.

12. Rêvez-vous de changer de per- 85 sonnalité? A qui voulez-vous ressem- bler?

Françoise : Non, mais je ne me trouve pas assez jolie, ni assez cultivée.

A <u>Françoise Hardy</u>. 90

Alain : Non, je ne m'aime pas mais j'ai la possibilité de me «faire». J'admire <u>Che Guevara</u> et <u>Robespierre</u>, mais aussi <u>Mozart</u> et <u>Van Gogh</u>.

Henri : Oui. Au <u>président-directeur</u> 95 <u>général de la banque</u> et à <u>Jean-Claude Killy</u>.

13 | Il est impossible de plaire à tout le monde

Le directeur de « France-Jour »
a demandé à Yves Dumont
et à Jean-Pierre Molinier
de venir le voir
dans son bureau.

1 *Le directeur :* Alors, Dumont, vous êtes satisfait de vos articles sur la jeunesse de province ?

2 *Yves :* Mon Dieu, c'est-à-dire que... on m'a dit...

3 *Le directeur :* Eh bien, pas moi !

4 *Yves :* Mais, Monsieur le directeur, pouvons-nous savoir ?...

5 *Le directeur :* Je vais vous le dire. De nombreux lecteurs de province nous ont écrit : ils ne sont pas du tout d'accord avec ce que vous avez raconté.

6 *Yves :* Mais, Monsieur le directeur, nous n'avons rien inventé. Je me suis servi uniquement des réponses que nous avons recueillies.

7 *Le directeur :* Sans doute, sans doute. Mais tenez, j'ai reçu des lettres indignées de Clermont-Ferrand. Il paraît que les jeunes que vous décrivez n'existent pas !

8 *Yves :* Alors nous n'avons pas eu de chance de tomber sur des exceptions !

9 *Le directeur :* Je n'en sais rien, mon cher ami. Tout ce que je sais, c'est que nos lecteurs ont des opinions bien différentes des vôtres. Les parents pensent qu'ils comprennent bien leurs enfants et qu'ils leur laissent assez de liberté.

10 *Jean-Pierre :* Ah! ça...

11 *Le directeur :* Oui, jeune homme... D'après vous c'est une illusion, mais pourquoi dire tout ça si brutalement ? Et puis il ne s'agit pas seulement de cette question. Passons à Rennes.

12 *Yves :* Les Bretons aussi sont mécontents ?

13 *Le directeur :* Mécontents ? Vous voulez dire furieux. Et cette photo des salles de cours de l'université, c'est une catastrophe !

14 *Yves :* Je me demande pourquoi . Elle est authentique. Les étudiants n'ont pas tous la place de s'asseoir et ils ne peuvent même pas prendre de notes.

15 *Le directeur :* Peut-être, mais vous n'avez photographié que les vieux bâtiments sans même parler des nouveaux qui sont en construction.

16 *Yves :* J'y suis allé, Monsieur le directeur. On ne s'en servira pas avant longtemps. Je ne pouvais donc rien en dire.

17 *Le directeur :* Si. Vous deviez en parler tout de même pour montrer à nos lecteurs que l'université nouvelle existe déjà dans certaines villes.

18 *Yves :* Mais, Monsieur le directeur, nous devions faire une enquête sur l'université actuelle et non sur l'université future. A quoi sert de cacher la réalité ?

19 *Le directeur :* Mon ami, si toutes les vérités sont bonnes à dire et même à écrire, il faut savoir les présenter. En attendant, vous allez préparer un article qui adoucira les précédents. Je le veux sur mon bureau demain matin, à onze heures.

20 *Yves :* Eh bien, je ne m'attendais pas à ça !
Alors, Jean-Pierre, tu veux toujours devenir journaliste ?

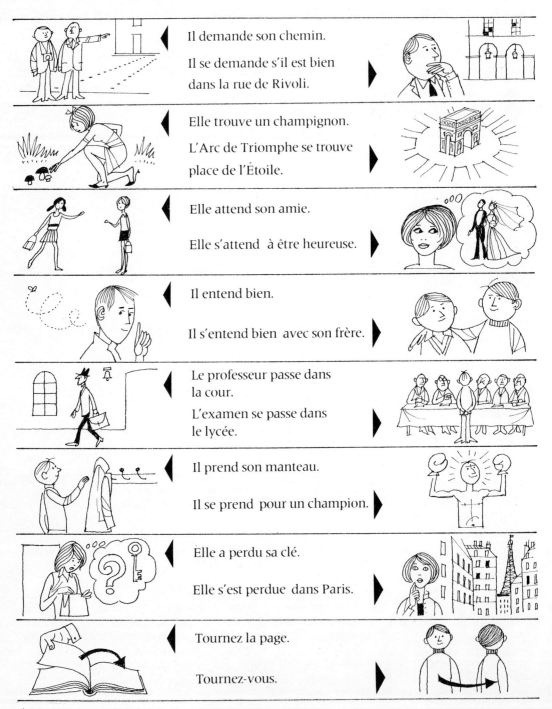

Il demande son chemin.

Il se demande s'il est bien dans la rue de Rivoli.

Elle trouve un champignon.

L'Arc de Triomphe se trouve place de l'Étoile.

Elle attend son amie.

Elle s'attend à être heureuse.

Il entend bien.

Il s'entend bien avec son frère.

Le professeur passe dans la cour.

L'examen se passe dans le lycée.

Il prend son manteau.

Il se prend pour un champion.

Elle a perdu sa clé.

Elle s'est perdue dans Paris.

Tournez la page.

Tournez-vous.

Ça sert !...

A quoi sert cet appareil ?

A quoi servent les questionnaires ?

A quoi servent les horaires
des chemins de fer ?

Ça sert à prendre des photos.

Ça sert à obtenir des renseignements.

Ça sert à connaître les heures
des trains.

Ça sert de quoi ?

Cette table lui sert de lit.

Ce tapis lui sert d'avion.

Ces feuilles lui servent de vêtements.

Ces pots de fleurs lui servent de jardin.

Il se sert de quoi ?

Brigitte, tu t'es servie de mon électrophone ?

Daniel se sert de viande.

Je me sers de ma bicyclette quatre fois par jour.
« Servez-vous, je vous en prie », dit madame Lebrun en passant les fruits.
Caroline s'est servie trois fois de gâteau.

1 L'infinitif	**après toutes les prépositions sauf en**	**Exemples :** Elle est allée à la montagne **pour faire** du ski. Il est parti **sans** me **remercier**. Vous avez téléphoné **avant** d'**aller** les voir. *mais* Il m'a remercié **en partant**. **En venant**, j'ai rencontré un vieil ami.
	attention	**après** + infinitif passé Il a mis la clef dans sa poche **après avoir** **fermé** la porte. Jean est allé au théâtre **après avoir dîné**.
complément d'un verbe	**sans préposition**	Vous aimez **chanter**. Je préfère **sortir** le matin. Elle veut **revenir** l'année prochaine. Ils peuvent **rentrer** chez eux. Nous devons **travailler**.
	avec préposition à ou de	Ils commencent **à parler** français. Vous demandez **à sortir**. Vous lui proposez **de déjeuner**. Elle a décidé **de lui écrire**. Ils regrettent **d'être venus**.
complément d'un nom	**nom + de + infinitif**	Est-ce qu'il aura le **courage de partir** ? Elle n'a pas l'espoir de réussir.
	plus rarement : nom + $\begin{matrix}\text{à}\\\text{pour}\end{matrix}$ + infinitif	Sa **rapidité à comprendre** est exceptionnelle. Son envie de peindre est aussi grande que son **goût pour dessiner**.

- **adjectif + à + infinitif**

  C'est **difficile à faire.**
  Cette musique est **agréable à entendre.**
  Toutes les vérités ne sont pas **bonnes à dire.**
  Il est **lent à comprendre.**
  Elle est **longue à s'habiller.**
  Ils sont **prêts à partir.**

● **complément d'un adjectif**

- **adjectif + de + infinitif**

Il C'	est	possible juste bon désagréable	d(e)	retenir le nom de tous ses amis. aider les autres. prendre des vacances. ne pas comprendre.

- **trop / assez** + adjectif + **pour** + infinitif

  Il est **trop jeune pour partir** seul.
  Elle est **assez intelligente pour** comprendre cela.

2

L'interrogation indirecte

Je lui demande *quelque chose.*
     Il est parti **quand** ?

Je lui demande
quand il est parti.

Dites-moi   à qui vous le donnerez.
Vous m'expliquerez   à quoi vous jouez.

Il se demande s'il faut toujours dire la vérité.

attention

Je veux savoir *quelque chose.*
    Qu'est-ce que vous faites ?

Je veux savoir
ce que vous faites.

Expliquez-moi *quelque chose.*
    Qu'est-ce qui vous intéresse ?

Expliquez-moi
ce qui vous intéresse.

1

Noms et adjectifs désignant les habitants de pays, de provinces, et de villes.

● **Noms :** mettez une majuscule.

Exemples :

les Bretons	les Rennais	les Parisiens
C'est un Français.	C'est un Chinois.	C'est un Anglais.

Adjectifs : mettez une minuscule.

Exemples : Il est breton, rennais, parisien.
C'est du riz français, chinois.

2

Noms en jɔ̃

● Tous les noms se terminant en **-tion, -ssion** ou **-sion** sont féminins.

Exemples :

une exception sjɔ̃	une profession sjɔ̃	une illusion zjɔ̃
une construction	une expression	une question tjɔ̃
une condition	la compréhension	

● Les autres noms se terminant en jɔ̃ sont

soit féminins : une opinion
soit masculins : un champion, un avion, un camion, un lion

3

Le son f = **ph**

une photo	une catastrophe	un électrophone
yn foto	yn katastʁɔf	ɛ̃ nelektʁɔfɔn

4

Les sons ch = ʃ ch = k

ch = ʃ le plus souvent, mais quelquefois **ch** = k

Exemples :

un architecte	un château	*mais*	un archéologue
ɛ̃ naʁʃitɛkt	ɛ̃ ʃato		ɛ̃ naʁkeɔlɔg

1 Répondez (questions sur le dialogue).

1. Pourquoi le directeur de *France-Jour* a-t-il fait venir Yves Dumont et Jean-Pierre Molinier dans son bureau ?
2. Que pensent les lecteurs de province ?
3. De quoi se sont servis les journalistes pour écrire les articles ?
4. Pourquoi les parents sont-ils indignés ?
5. De quoi n'ont-ils pas parlé ? Pourquoi ?
6. Sur quoi devaient-ils faire leur enquête ?
7. Comment le directeur veut-il qu'on présente la réalité ?
8. Est-ce que les journalistes pouvaient s'attendre à cet accueil ?

2 Transformez d'après le modèle.

Exemple : Ces gens ne sont pas faciles à décider.
→ Ce n'est pas facile de décider ces gens.
1. Ces problèmes sont difficiles à expliquer.
2. Ces articles sont simples à comprendre.
3. Cette musique est agréable à entendre.
4. Ces leçons sont faciles à apprendre.
5. Ces critiques sont impossibles à accepter.

3 Qu'est-ce qu'il se demande ?

Exemple : Sont-ils satisfaits de leurs articles ?
→ Il se demande s'ils sont satisfaits de leurs articles.
1. Leurs opinions sont-elles différentes des siennes ?
2. Les lecteurs de province ont-ils envoyé des lettres indignées ?
3. Les jeunes qu'ils décrivent existent-ils ?
4. Est-ce qu'on se servira de ces bâtiments bientôt ?
5. Faut-il lui dire la vérité ?

4 Écrivez.

Ajoutez un paragraphe à l'article de Yves Dumont et de Jean-Pierre Molinier, par exemple, sur les conditions de travail des jeunes au lycée et à l'Université.

Proverbe : La raison du plus fort est toujours la meilleure.

1

Le proviseur a demandé à Frédéric Masson, élève de 5ᵉ A, de venir dans son bureau.

Le proviseur : Masson, c'est vous, paraît-il, qui avez cassé la vitre de la salle de gymnastique ?

Frédéric Masson : Je suis désolé, Monsieur le proviseur. Nous étions en train de jouer au basket-ball et j'ai dû lancer la balle trop fort.

Le proviseur : Ce n'est pas une excuse. Je ne vous punis pas, mais vous devrez payer la vitre neuve.

2

Le patron du garage Vincent et son jeune mécanicien :

M. Vincent : Dis donc, Christian, viens ici. C'est toi qui a monté cette roue ?

Christian : Oui, c'est moi. Pourquoi ?

M. Vincent : Regarde ça. Tu trouves que c'est bien ?

Christian : Hum, c'est que... Enfin, c'est-à-dire...

M. Vincent : Ça, c'est du travail mal fait, un point c'est tout, et je n'en veux pas dans mon garage, tu as compris ?

Christian : Oui, patron, d'accord. Je vais l'arranger, cette roue.

3

Bernadette n'a pas encore d'électrophone.

Jean-Paul : Connais-tu par hasard la jeune personne qui s'est servie de mon électrophone et qui ne l'a pas arrêté avant de partir ?

Bernadette : Écoute, Jean-Paul, je vais t'expliquer.

Jean-Paul : Inutile, je ne veux pas de tes explications. Cet électrophone est resté allumé toute la journée. Maintenant il ne marche plus. Tu vas m'aider à payer la réparation, et tu ne t'en serviras plus. Tu as bien entendu ?

Bernadette : Oui, d'accord. Mais tu sais, c'est la première fois que ça m'arrive.

Jean-Paul : Une fois, c'est déjà trop.

4

A l'hôpital, les élèves infirmières n'ont pas le temps de s'amuser.

L'élève infirmière : Vous m'avez appelée, Madame ?

L'infirmière en chef : Oui, Mademoiselle. J'ai des reproches à vous faire.

L'élève infirmière : Des reproches ?

L'infirmière en chef : Oui. Vous avez quitté votre service cinq minutes trop tôt hier soir, sans attendre la camarade qui devait vous remplacer.

L'élève infirmière : Oh, Madame, mon fiancé devait arriver par le train de 5 heures et je ne l'ai pas vu depuis six mois.

L'infirmière en chef : Ah, c'est donc ça ! Il fallait m'en parler.

L'élève infirmière : Je n'ai pas osé.

L'infirmière en chef : Bon, je veux bien fermer les yeux pour une fois, mais ne recommencez pas.

Quelques extraits
de la grande enquête
de Yves Dumont
et de Jean-Pierre Molinier...

QUI ÊTES-VOUS,
LES JEUNES ?

Dominique, 20 ans, infirmière.
Christian, 17 ans, mécanicien.
Marc, 19 ans, dessinateur.
Nicole, 18 ans 1/2, vendeuse.

Tous ces jeunes gens de Pau, de   5
Rennes, de Clermont-Ferrand sont
nos amis. Et que fait-on avec des
amis? On bavarde, on discute de
ses problèmes, on raconte ses projets. C'est ce que nous avons fait   10

pendant les dix jours qu'a duré notre
enquête. Quels sont les problèmes
des jeunes d'aujourd'hui? Quels sont
leurs espoirs? Leurs goûts? Les gens
qu'ils admirent? Qu'attendent-ils   15
de la vie, de leur travail, de leurs
camarades, de leurs parents?
Tout cela, nous le savons par Dominique, Christian, Nicole et Marc mais
aussi par des centaines de leurs   20
camarades qui ont bien voulu répondre à nos questions. « Ce n'est pas
facile, dit Marc, d'être jeune en
1971. Des problèmes, nous en avons
de toutes sortes et ils commencent   25
très tôt. Dans notre famille même... »
Ah! Les parents! Les jeunes ont tous
quelque chose à dire sur eux. Vous

êtes accusés, parents! Vous ne comprenez pas et, ce qui est pire encore, 30
vous n'essayez pas de comprendre.
Vous voulez que vos fils et vos filles
vous ressemblent. Vous n'avez pas le
temps de discuter avec eux.
Vous voulez qu'ils restent des enfants. 35
Vous êtes trop sévères et pas assez
confiants...
Pourtant, les jeunes sont déjà adul-
tes : ils demandent des responsabi-
lités : ni la famille, ni le lycée, ni   40
l'université ne leur en donne assez.
Alors, ils s'occupent des six enfants
d'une famille pauvre quand la mère
est malade, comme à Rennes :

les filles font des robes, tricotent 45
des chandails et font la cuisine,
les garçons peignent l'appartement,
servent de professeurs le soir après

l'école et de moniteurs sportifs le
jeudi et le dimanche. Ou bien ils 50

organisent des recherches archéolo-
giques comme à Clermont-Ferrand
et font des découvertes si intéres-

santes que le musée les expose.
La vie de leur pays, de leur ville, 55
de leur quartier, de leur école, de leur
usine les concerne. Ils n'en sont pas
satisfaits et ils sont décidés à tout
faire pour la changer. Ils ne s'indi-
gnent pas ou très peu. Ils sont réa- 60
listes et croient à l'efficacité et à la
technique, mais ils sont prêts à tous
les changements et les souhaitent.
Combien de fois avons-nous entendu
cette expression : « C'est l'usine de 65
papa. » Finis, la méthode de papa,
la technique de papa, le rêve de
papa. Dans le monde qu'ils construi-
ront chacun vivra mieux...
Illusion ? Peut-être, mais cette illu- 70
sion-là est celle de toutes les géné-
rations. Ce qui caractérise les jeunes
de 1971 c'est qu'ils ne croient plus
autant aux discours, ni aux rêves
généreux. Eux, ils travaillent dans le 75
concret, dans le réel; ils savent ana-
lyser les situations et prévoir les
remèdes. Aussi la technique est pour
eux la clef de presque tous les problèmes... 80

14 | Le choix d'une carrière

A

C'est la fin du cours de français.
Tous les élèves de 3ᵉ C
sortent de la classe.
Il reste un seul élève
au quatrième rang.

1 *Le professeur* : Alors, Lelong, pourquoi ne suivez-vous pas vos camarades ?

2 *Lelong* : Je voudrais vous parler, Monsieur.

3 *Le professeur* : De quoi s'agit-il ?

4 *Lelong* : Eh bien, voilà. Je n'ai pas l'intention d'entrer en seconde. J'ai décidé de quitter le lycée.

5 *Le professeur* : Eh bien, en voilà une nouvelle ! Est-ce que vos parents sont au courant de votre décision ?

6 *Lelong* : Ils n'en savent rien encore, mais je vais leur en parler. Je voudrais pouvoir leur dire que vous m'approuvez.

7 *Le professeur* : Oh, oh ! Vous allez bien vite ! Avez-vous

suffisamment réfléchi ? Avez-vous pensé à toutes les consé-quences de votre décision ?

8 *Lelong :* Oui, Monsieur. Vous savez que je ne suis pas un très bon élève. Vous connaissez mes notes... Elles ne sont pas brillantes.

9 *Le professeur :* C'est vrai. Nous avons parlé de vous récem-ment au conseil des professeurs.

10 *Lelong :* Je l'ai bien compris en recevant mon bulletin !

11 *Le professeur :* Depuis deux ans, vos notes sont plutôt mauvaises, mais en 6ᵉ et en 5ᵉ vous aviez une réputation de bon élève. Que s'est-il passé en 4ᵉ ?

12 *Lelong :* J'ai été malade, Monsieur, et j'ai manqué les cours pendant plus d'un trimestre.

13 *Le professeur :* Et depuis vous avez perdu pied, je com-prends. Mais je crois qu'avec un peu de courage vous pourriez rattraper votre retard.

14 *Lelong :* Je ne le pense pas, Monsieur. Et puis, je voudrais faire de l'électronique. Pour cela, je préférerais entrer dans une école spéciale. Au lycée, j'aurais l'impression de perdre du temps parce que je ne ferais pas assez de mathématiques.

15 *Le professeur :* Je crois que vous avez tort. Vous êtes encore trop jeune pour vous spécialiser. Croyez-moi, le baccalauréat vous permettra de faire ensuite de bien meilleures études d'électronique.

16 *Lelong :* Même pour construire des fusées ?

17 *Le professeur :* Bien sûr !

18 *Lelong :* C'est sans doute ce que mes parents vont me dire.

19 *Le professeur :* Et ils auront raison. Promettez-moi de réfléchir encore et de faire un effort pour travailler mieux. Il y aura encore des fusées à construire quand vous aurez votre diplôme d'ingénieur !

20 *Lelong :* Je me demande si je l'aurai un jour...

La classe est finie.
Toutes les élèves sortent
sauf Elisabeth
qui attend le professeur
pour lui parler.

1 *Le professeur* : Elisabeth ! Pourquoi restez-vous à votre place ?

2 *Elisabeth* : Je voudrais vous parler, Madame.

3 *Le professeur* : De quoi s'agit-il ?

4 *Elisabeth* : J'ai décidé de ne pas redoubler la troisième.

5 *Le professeur* : Vous avez tort de ne pas redoubler, ce serait mieux pour vous.

6 *Elisabeth* : Je voudrais commencer à travailler.

7 *Le professeur* : Ah ! C'est une décision importante. Y avez-vous bien réfléchi ? Qu'en disent vos parents ?

8 *Elisabeth* : Je ne leur en ai pas encore parlé. Ils disent que je suis paresseuse et ils pensent que je pourrais faire beaucoup mieux si je voulais. Mais ce n'est pas vrai.

9 *Le professeur* : Ce qui est vrai, c'est que vous ne faites pas beaucoup d'efforts et que vos notes le montrent...

10 *Elisabeth* : Mais c'est que je n'arrive pas à m'intéresser vraiment à ce que nous faisons en classe : le latin, la littérature, l'histoire, tout ça me paraît trop loin de la vie réelle.

11 *Le professeur* : Moins que ce que vous croyez... Mais qu'aimeriez-vous faire ?

12 *Elisabeth* : J'aimerais étudier la coiffure et les soins de beauté.

13 *Le professeur* : Ah ! J'ai souvent remarqué en effet que vous changiez très souvent de coiffure. Et elles étaient toutes très jolies.

14 *Elisabeth* : Merci, Madame.

15 *Le professeur* : Vous êtes sans doute très adroite de vos mains, mais cela ne suffit pas.

16 *Elisabeth* : Le reste, je compte l'apprendre dans une école technique spécialisée.

17 *Le professeur* : Oui, je comprends, mais pourquoi vouloir le faire si tôt ? Il vaudrait mieux attendre.

18 *Elisabeth* : Il y a longtemps que je pense à ce métier, et je sais que je ne changerai pas d'avis.

19 *Le professeur* : Bon, admettons-le. Je continue à penser que vous devriez tout de même poursuivre vos études jusqu'au baccalauréat. De nos jours c'est un minimum. Réfléchissez encore, voulez-vous ?

20 *Elisabeth* : Je vous le promets. Merci, Madame.

Hautes études d'esthétique

Pour vous et pour les autres femmes, choisissez la beauté.

Devenez esthéticienne.

Vous vivrez dans une atmosphère d'élégance et de luxe.

Comme les peintres et les couturiers, vous serez de vraies artistes.

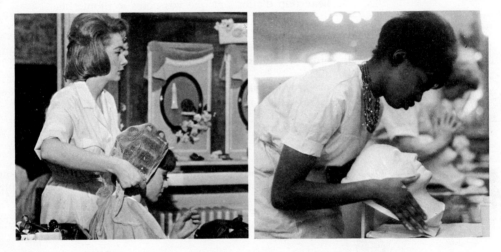

Suivez les cours de l'École Supérieure d'Esthétique,

25, rue de Provence, Paris IXᵉ.

Pendant vos deux années d'études, vous apprendrez :

- à connaître le visage et à le transformer par la coiffure et le maquillage ;

- à soigner les cheveux et la peau ; à accentuer la personnalité d'un visage ;

- à choisir les produits de beauté nécessaires.

Plusieurs formules d'enseignement :

- cours complets enseignement théorique et pratique 2 sessions de 5 mois : de février à juin, de septembre à janvier ;

- cours du soir 3 soirs par semaine, d'octobre à juin ;

- cours de perfectionnement permanents.

Renseignements sur demande.

Qu'est-ce qui manque ?

Il manque   une fourchette,   un couteau   et un verre.

Qu'est-ce qui lui manque ?

Il lui manque dix francs.

Sa meilleure amie a quitté la ville.
Elle va lui manquer.

Qu'est-ce qu'il a manqué ?

	L	M	M	J	V	S
Pierre						
Jean-Paul	X	X				
Philippe						

Jean-Paul a manqué la classe
deux fois en une semaine.

Il a manqué le train.

<table>
<tr><td>**1**

Emplois
du
conditionnel</td><td>● **Conditionnel = Futur du passé**</td></tr>
</table>

Présent :	Futur :
Je crois	qu'il **pourra** le faire.
Il pense	qu'il **fera** beau.
Je ne sais pas	si elle **viendra**.
Vous me demandez	si j'**irai** la voir.

Passé composé, imparfait :	Conditionnel :
J'ai cru	qu'il **pourrait** le faire
Il pensait	qu'il **ferait** beau.
Je ne savais pas	si elle **viendrait**.
Vous m'avez demandé	si j'**irais** la voir.

● **Hypothèse** (= Verbe principal au conditionnel)

condition	hypothèse
Si elle travaillait,	elle **pourrait** passer son baccalauréat. *Je le suppose.* *mais je n'en suis pas certain.*
S'il neigeait,	je **ferais** du ski. *Mais je n'en suis pas certain.*
comparer avec :	
Si elle travaille,	elle pourra passer son baccalauréat. *J'en suis certain.*
S'il neige,	je ferai du ski. *J'en suis certain.*

● **Politesse**　　　　　　　　　*Si vous vouliez bien.*

Je veux vous parler de cette difficulté.	▶	Je **voudrais** vous parler de cette difficulté.
Pouvez-vous m'aider à laver la voiture de ma sœur Françoise ?	▶	**Pourriez**-vous m'aider à laver la voiture de ma sœur Françoise ?
Voulez-vous me prêter votre costume gris samedi prochain ?	▶	**Voudriez**-vous me prêter votre costume gris samedi prochain ?

2

Emplois
de
bien

Bien peut marquer l'appréciation de la qualité.

3 formes	Exemples :
• bien	John parle **bien** le français. Barbara parle **mieux** que lui, mais c'est Frank qui parle **le mieux** depuis son voyage en France l'été dernier au mois d'août.
• mieux *comparatif*	
• le mieux *superlatif* `	Chantal danse **bien**; Jean-Pierre danse **aussi bien** qu'elle; Françoise danse **mieux** qu'eux, mais c'est Marie qui danse **le mieux**.

Bien peut renforcer l'idée exprimée.

1 seule forme	Exemples :
ni comparatif *ni superlatif* = **vraiment**	- Elle est restée chez vous hier soir ? - Oui, elle est **bien** restée chez nous.
	- C'est ce que le docteur a dit ? - Oui, c'est **bien** ce qu'il a dit.
	Merci beaucoup Sylvie, tu es **bien** gentille.
= **avec plaisir** *employé avec un verbe au conditionnel*	- Si nous allions au cinéma ? - J'irais **bien** mais j'ai du travail.
	- Si nous mangions ? - Je mangerais **bien**, mais je dois aller tout de suite prendre le train pour Marseille.

Vouloir bien = être d'accord

Exemples :

- Si nous allions au cinéma avec Hélène ?
- Oui, je **veux bien**.

- Nous irons au cinéma avec Hélène
  si vous **voulez bien**.

1 — Formes du conditionnel

racine du futur + terminaison de l'imparfait

	venir	aller	j' tu il (elle) nous vous ils (elles)	ir-	ais ais ait ions iez aient
Exemples : **futur** **imparfait** **conditionnel**	je **viendr**ai je ven**ais** ▼ je viendrais	j'**ir**ai j'all**ais** ▼ j'irais			

	apprendre	faire	voir	envoyer
conditionnel	▼ j'apprendrais	▼ je ferais	▼ je verrais	▼ j'enverrais

2 — Si

Si + il	▶	**S'il**	**Exemples :** S'il venait, je pourrai lui raconter mon histoire.
Si + elle	▶	**Si elle**	Si elle m'écrivait, je saurais quand elle doit arriver.

3 — Les sons ap, at, ak au début d'un mot

En général, au début d'un mot **ap, at, ak** + voyelle + r ou l deviennent :

			Exemples :
ap	▶	**app-**	**app**artement, **app**eler, **app**rendre **app**réciation, **app**laudir, **app**étit
at	▶	**att-**	**att**ention, **att**raper, **att**endre
ak	▶	**acc-**	**acc**ordéon, **acc**ueillir, **acc**élérer **acc**ent, d'**acc**ord, **acc**epter

14 | *exercices*

1 | Répondez (questions sur les dialogues).

1. Pourquoi Lelong ne suit-il pas ses camarades ?
2. Quelle décision a-t-il prise ?
3. Ses parents sont-ils au courant de sa décision ?
4. A-t-il réfléchi à toutes les conséquences de sa décision ?
5. Comment a-t-il compris qu'on avait parlé de lui au conseil des professeurs ?
6. Pourquoi a-t-il perdu pied en quatrième ?
7. Pourquoi ne voudrait-il pas rester au lycée ?
8. Qu'est-ce que le professeur lui fait promettre ?

1. Qu'est-ce qu'Elisabeth a décidé ?
2. Pourquoi a-t-elle tort de ne pas vouloir redoubler ?
3. Que disent ses parents ?
4. Que montrent ses notes ?
5. Pourquoi n'arrive-t-elle pas à s'intéresser vraiment à la classe ?
6. Qu'est-ce qu'elle voudrait faire ?
7. Où compte-t-elle apprendre la coiffure ?
8. Quelle est l'opinion du professeur ?

2 | Transformez d'après le modèle.

Exemple : Il viendra et nous serons tous contents.
→ S'il venait, nous serions tous contents.
1. Il le dira à ses parents et ils l'approuveront.
2. Elle fera un effort et elle deviendra une bonne élève.
3. Il sera malade et il perdra pied.
4. Il quittera le lycée et il fera de l'électronique.
5. Elle entrera dans une école technique et elle étudiera la coiffure.

3 | Que disent-ils ?

Exemple : Elle a envie de devenir coiffeuse.
→ Elle dit : « Je deviendrais bien coiffeuse. »
1. Il a envie d'étudier l'électronique.
2. Ils ont envie de voyager.
3. Elle a envie de quitter le lycée.
4. Il a envie de faire des mathématiques.
5. Ils ont envie de devenir ingénieurs.

Proverbe : Comme on fait son lit, on se couche.

1

Il est neuf heures chez les Lafont, on n'attend plus que les Guérin pour passer à table.

Mme Lafont : Oh, je ne sais plus que faire ! Si mes invités n'arrivent pas à l'heure, ma viande va brûler !
M. Lafont : C'est toujours la même chose avec les Guérin. Si nous ne les invitions pas si souvent, ils arriveraient sans doute à l'heure. Ils ont pris de mauvaises habitudes avec nous.

2

Madame Guérin vient de se peser.

Mme Guérin : Si je mange trop, je grossis. Si je ne mange pas assez, j'ai faim. Je vais aller voir un médecin.
M. Guérin : Si tu ne mangeais pas entre les repas, tu grossirais sans doute moins. Mais tu aimes tellement les petits gâteaux...

3

Guy est toujours en retard, mais c'est le meilleur joueur de bridge du groupe.

Isabelle : Nous voudrions bien que Guy arrive.
Alain : Oui, s'il arrivait, nous pourrions enfin commencer.
Jean-Paul : Hier, il m'a téléphoné qu'il viendrait certainement. Il faut l'attendre.
Alain : Si vous voulez, je peux l'appeler chez lui pour savoir s'il est parti. Attendez-moi un instant.

☆   ☆   ☆

Alain (de retour) : Je lui ai parlé. Il n'était pas encore parti parce qu'il pensait que Jean-Paul passerait le chercher. Il m'a dit qu'il allait partir tout de suite.

4

Henri oublie tous ses rendez-vous.

Guy : Pourquoi est-ce que tu as appelé Henri ?

Christophe : Je voulais savoir s'il irait au cinéma avec nous ce soir.

Guy : Qu'est-ce qu'il t'a dit ?

Christophe : Il m'a répondu qu'il nous retrouverait à 8 heures devant la porte.

Guy : Tu crois qu'il viendra ?

Christophe : Oui, s'il n'oublie pas !

5

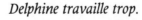

Delphine travaille trop.

Delphine : Si j'avais le temps, j'aimerais aller te voir.

Sophie : Tu dis toujours ça, mais tu ne viens jamais. Si tu voulais vraiment me voir, tu trouverais bien le temps.

C'EST BIEN D'ÊTRE ÉTUDIANT !

Oui, c'est bien d'être étudiant ! C'est moi, Antoine Dufour, étudiant en

chimie, qui vous le dis.
D'abord parce qu'on se sent enfin libre. 5
Je parle, évidemment, pour ceux qui n'ont pas d'université dans leur ville, et qui sont obligés de quitter leur famille pour vivre dans la ville où se trouve leur faculté : plus de conseils 10 à recevoir, plus d'interdictions, plus d'explications à donner. Je peux passer la nuit entière à discuter avec des amis, puis dormir jusqu'à midi le lendemain, et personne ne me dit 15 rien. Ne croyez pas que je passe ma

vie dans les cafés ou les cabarets !
J'ai bien trop de travail, et ce n'est pas parce que je suis libre que je ne fais plus rien. Au contraire ! Seule- 20 ment il y a une grande différence, une différence capitale : quand j'étais au lycée, on me forçait presque à travailler, et alors, bien sûr, je n'en avais pas envie. Maintenant, 25 personne ne m'oblige à le faire. Seul, l'examen de juin sanctionnera mon travail. Mes journées, mon trimestre, je suis libre de les organiser comme je veux. Je peux aller au cinéma tous 30 les jours pendant une semaine et ne pas toucher un livre, puis m'enfermer dans ma chambre et « bûcher » comme un fou pour rattraper le temps perdu. Jamais on ne me lais- 35 serait faire ça à la maison !
C'est merveilleux d'être libre ! Libre d'aller aux cours ou de ne pas y aller (tant pis pour moi !). Comme nous sommes au moins cinq cents dans 40

un amphithéâtre, le professeur ne s'occupe jamais de savoir qui est

absent. Seuls les travaux pratiques sont obligatoires et contrôlés parce que nous travaillons par petits 45 groupes. J'aime bien les travaux pratiques : je ne les ai manqués qu'une fois depuis le début de l'année. Les cours, je les ai manqués assez souvent pendant le premier trimestre, 50 mais pas après. J'ai compris assez vite que c'était difficile et ennuyeux de recopier les notes des copains et qu'il valait mieux travailler régulièrement que bûcher jour et nuit quinze 55 jours avant l'examen.
Maintenant, je crois que je sais vraiment ce que c'est que la liberté : c'est aussi la responsabilité. La mienne n'est pas énorme, bien sûr, puisqu'elle 60

ne concerne que mon examen de première année, mais je ne peux la partager avec personne. Donc, je travaille, ou plutôt nous travaillons,

car j'ai une bande de copains et nous 65 faisons presque tout ensemble : je dis bien tout, car nous avons le choix entre beaucoup d'activités possibles. Comme la vie matérielle des étudiants est bien organisée, nous avons 70 du temps libre : pas de problème pour les repas; les restaurants universitaires nous en servent à 1,65 F, ce qui n'est vraiment pas cher. Naturellement, ce n'est pas aussi bon qu'à 75 la maison, mais ce n'est pas mal tout de même. Pas de problèmes pour les transports : nous avons des tarifs spéciaux. Pas de problèmes non plus pour les spectacles : au concert, au 80 cinéma, au théâtre, dans les musées, partout, il existe des tarifs pour étudiants. Nous pouvons même voyager, faire du ski, aller à l'étranger à des prix intéressants. Comme vous 85 le voyez, nous avons des privilèges. Mais attention ! N'allez pas croire que tout est pour le mieux dans le meilleur des mondes ! Il reste encore des problèmes : par exemple, celui 90 du logement. Où trouver une chambre, pas trop loin de la fac, complètement indépendante et pas trop chère ? Quelques-uns ont la chance d'habiter la Cité Universitaire ou de 95 trouver une place dans l'une des nombreuses maisons d'étudiants de la ville. Les autres paient souvent très cher (jusqu'à 300 francs par mois) des pièces petites, mal meublées, peu 100

ou pas chauffées. Heureusement, il y a les cafés, toujours accueillants : l'hiver, il y fait chaud; l'été, on est

bien à la terrasse, sous les arbres... C'est là que nous nous retrouvons 105 après les cours. Il est entendu avec les garçons que, pour le prix d'un café noir ou d'un verre de bière, nous pouvons passer deux heures à fumer et à discuter : deux heures pour 110 refaire le monde, ce n'est pas beaucoup ! Heureusement nous avons tous des idées, mais il faut se mettre d'accord, et ce n'est pas facile ! Nous voudrions un monde qui nous res- 115 semble. Si je le disais à mon père, il se mettrait certainement à rire et me ferait remarquer qu'il a déjà pensé et affirmé la même chose, il y a... enfin, quand il avait vingt ans. 120 Mais ce n'est pas vrai : ce n'était pas les mêmes mots, ce n'était pas le même monde, et nous ne sommes pas comme nos parents. Jamais nous ne deviendrons des « bourgeois » 125 comme eux.

15 | Le Chef aime les compliments

La Bourgogne, pays des vins, est aussi une région où la cuisine est excellente. Le restaurant du Pont-d'Argent, à Mâcon, est l'un des meilleurs de France. On y vient de partout pour manger, ou plutôt pour déguster, les spécialités du Chef Prosper Vallon.

1 *Louis :* Chef, on demande encore du potage et il n'y en a plus.

2 *Prosper Vallon :* Comment ? Plus de potage ? Regarde donc dans cette casserole, et ne me dérange plus.

3 *Louis :* Oui, Chef. Merci, Chef.

4 *Prosper Vallon :* Pierre, tu l'as terminée cette sauce ? Robert, casse trois œufs. Louis, apporte la crème et ajoutes-y du sucre. Jean, il me faut des fraises.

5 *Louis, Pierre, Robert, Jean (ensemble) :* Voilà, voilà, Chef.

6 *Prosper Vallon :* Regardez tous comment je réalise mon chef-d'œuvre, le gâteau « Pont-d'Argent ». Mais faites attention à ce qui cuit dans les fours.
Robert, va voir si le rôti de veau ne brûle pas.
Jean, lave ce plat.
Pierre, verse la sauce sur les poulets et dis au garçon que c'est prêt.
Attention, Louis, le gigot est assez cuit.

7 *Louis :* Comment le savez-vous, Chef ?

8 *Prosper Vallon :* Tu ne sens pas l'odeur ! Tu n'as pas de nez pour un futur cuisinier. Sors-le vite du four et laisse-le cinq minutes sur la cuisinière avant de le couper.

9 *Jean :* Chef, vous avez les compliments de la table douze. Ces messieurs ont trouvé le canard aux olives délicieux.

10 *Prosper Vallon :* Peuh ! Le canard aux olives, c'est de la petite cuisine ! Alors que le gâteau « Pont-d'Argent »... Regardez tous. Je vais couvrir le premier biscuit de crème. Passe-moi la crème, Louis. Je préfère la goûter d'abord... C'est bien ce que je pensais ! Tu n'as pas mis assez de rhum.

11 *Louis :* Mais, Chef...

12 *Prosper Vallon :* Ajoutes-en encore un peu. Et maintenant, de la crème sur les côtés, du chocolat sur le dessus, des fraises tout autour pour décorer. Voilà. C'est bien. Vous pouvez le servir.

13 *Pierre-Jean :* Quand avez-vous inventé cette recette ?

14 *Prosper Vallon :* En 1961, pour le concours du meilleur cuisinier de France.

15 *Louis :* Mais vous aviez déjà créé le soufflé Vallon...

16 *Prosper Vallon :* Oui, quand j'étais à Lyon à l'Auberge du Père Louis. Je l'avais inventé à l'occasion du passage du président de la République.

17 *Jean :* Ah, mais oui! Je me souviens. Est-ce qu'il l'a aimé ?

18 *Prosper Vallon :* Je crois bien ! Un jour, je vous montrerai ce qu'il a écrit sur le livre d'or de l'auberge. Mais ce n'est pas le moment.

19 *Pierre :* Où allez-vous, Chef ?

20 *Prosper Vallon :* Je vais dans la salle voir ce que les clients pensent de mon dessert.

Menu

ENTRÉES

Omelette au jambon

Soufflé au fromage

LÉGUMES

Petits pois jardinière

Carottes à la parisienne

Chou au gratin

VIANDES

Rôti de veau aux champignons

Lapin à la moutarde

Côtelettes de mouton

POISSONS

Sole normande

Truite au beurre

FROMAGES

Camembert

Roquefort

Yaourt

DESSERTS

Crème caramel

Tarte maison

Fruits de saison

Savez-vous mettre le couvert à la française ?

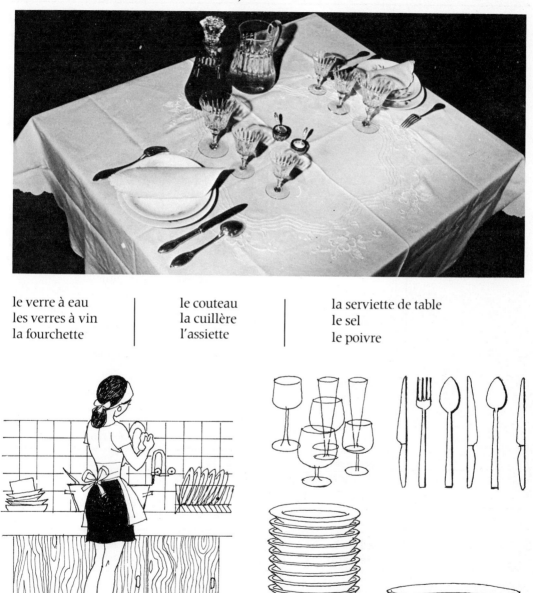

le verre à eau	le couteau	la serviette de table
les verres à vin	la cuillère	le sel
la fourchette	l'assiette	le poivre

Elle fait la vaisselle .

Elle lave les verres, les couverts, les assiettes et les plats.

1

Emplois
de
il est...
et de
c'est...

+ **noms de** • professions • nationalités • religions	**il est**		Il est anglais. Elle est anglaise. Il est protestant. Il est médecin. Il est cuisinier.
	mais	**c'est**	C'est un Anglais (c'est une Anglaise) que j'ai connu(e) à Londres. C'est un bon protestant. C'est notre médecin. C'est le cuisinier qui a inventé ce gâteau.
+ **noms propres pronoms**	**il est**		....
		c'est	C'est Jean. C'est Paris. C'est madame Meunier. C'est elle. C'est celui que j'ai vendu. C'est la sienne.
+ **ce qui** **ce que**	**il est**		....
		c'est	C'est ce qui l'inquiète. C'est ce que vous m'aviez montré.
+ **adverbes de quantité**	**il est**		....
		c'est	C'est assez. C'est beaucoup. C'est trop.
+ **adverbes de temps**	**il est**		Il est tard. Il est tôt.
		c'est	C'était hier. C'est aujourd'hui. C'est tard. C'est tôt.

• + **expression de l'heure**	**il est**		Il est cinq heures.
		c'est	....
• + **adjectifs**	**il est**		Il est grand, le château. **Elle est** haute, la Tour Eiffel. **Elle est** bonne, la crème.
		c'est	Versailles, c'est grand. La Tour Eiffel, c'est haut. La crème au chocolat, c'est bon.

2

Emplois
du
plus-que-parfait

Le plus-que-parfait marque l'antériorité par rapport à un moment du passé.

action passée ▶	action passée ▶	présent ▶
Plus-que-parfait ▼	*Imparfait ou Passé composé* ▼	
Il **avait fini** de travailler	quand elle est entrée.	
Ils ne s'**étaient** pas **vus** depuis dix ans	quand ils se sont rencontrés à la gare.	
Elle **avait pris** son billet jeudi matin et	elle est partie samedi après-midi.	
Nathalie **avait invité** tous ses amis :	ils étaient cinquante dans son petit appartement.	

Guillaume expliquait qu'il **avait rencontré** une vedette de cinéma très connue pendant son voyage en Espagne.

Aline disait qu'elle **avait** beaucoup **aimé** son professeur d'anglais l'an dernier au lycée de Marseille.

1
Formes du plus-que-parfait

● Auxiliaire **être** à l'imparfait + participe passé

avec les **14 verbes** faisant leur passé composé avec l'auxiliaire être et leurs composés,	**Exemples :** Elle était venue avec lui. Vous étiez tombés plusieurs fois.
avec les **verbes pronominaux.**	Il s'était rasé. Ils s'étaient connus dix ans avant.

● Auxiliaire **avoir** à l'imparfait + participe passé

avec tous les **autres verbes.**	**Exemples :** Il l'avait vu deux jours avant. Vous aviez accéléré après le tournant.

2
Impératif

Formes de la deuxième personne du singulier :

Finis !	Ajoute !		Ajoutes-y du sucre !
Prends !	Va !	*mais*	Vas-y !
Mets !	Mélange !		Mélanges-y du beurre !
Attends !	Goûte !		Goûtes-en !

3
Féminin des noms en -ier

masculin		**féminin**	
je	un cuisinier	jɛʀ	une cuisinière
	un épicier		une épicière
	un crémier		une crémière
	un pâtissier		une pâtissière
	un charcutier		une charcutière

1 Répondez (questions sur le dialogue).

1. Que peut-on dire de la cuisine en Bourgogne ?
2. Prosper Vallon donne du travail à ses aides. Que font-ils ?
3. Est-ce qu'on découpe un gigot en le sortant du four ?
4. Pourquoi les clients de la table douze lui envoient-ils leurs compliments ?
5. Avec quoi réalise-t-il son chef-d'œuvre ?
6. Comment le décore-t-il ?
7. Qu'avait-il inventé avant le gâteau Pont-d'Argent, et à quelle occasion ?
8. Le chef est-il sympathique ? Pourquoi ?

2 Complétez d'après le modèle.

Exemples : Il est professeur. → C'est le professeur qui m'a enseigné l'espagnol.
              Ils sont architectes. → Ce sont les architectes qui ont construit cette maison.

1. Il est acteur.
2. Elle est étudiante.
3. Il est mécanicien.
4. Elles sont vendeuses.
5. Ils sont journalistes.

3 Répondez d'après le modèle.

Exemples : Il a mangé un gâteau ? → Oui, il n'avait pas mangé de gâteau depuis hier.
              Il a dormi ? → Oui, il n'avait pas dormi depuis longtemps.

1. Elles ont lu ?
2. Il a fait un gâteau ?
3. Elle a fait cuire un rôti ?
4. Il a inventé une recette ?
5. Ils ont bavardé ?

4 Imaginez le dialogue.

1. Françoise téléphone à son amie Juliette pour l'inviter à son goûter d'anniversaire.
2. Madame Dupuis rencontre ses amis, les Teyssier,
   et les invite à venir passer le week-end dans sa maison de campagne.

Proverbe : L'appétit vient en mangeant.

1

Guy rencontre son amie Anne-Marie.

Guy : Oh ! Anne-Marie, quelle bonne surprise !

Anne-Marie : Bonjour, Guy. Il y a longtemps que je ne t'ai pas rencontré.

Guy : C'est vrai. Nous devrions nous voir plus souvent.

Anne-Marie : Viens à la maison un après-midi, lundi ou mardi, par exemple.

Guy : Mardi, d'accord. Vers quatre heures ?

Anne-Marie : C'est ça. Je ferai du thé et nous bavarderons.

2

Madame Guérin donne un dîner pour son ami chilien.

Mme Guérin : Bonjour, Madame. Nous venons d'apprendre la venue prochaine à Paris de notre vieil ami chilien Gómez y Vega. Il est peintre et je pense que M. Reboul et vous-même aimeriez le rencontrer.

Mme Reboul : Oh ! nous en serions ravis.

Mme Guérin : Pourriez-vous venir dîner avec nous vendredi de la semaine prochaine?

Mme Reboul : Merci beaucoup. Nous sommes libres ce soir-là et nous serons très heureux d'aller chez vous.

Mme Guérin : Parfait, nous vous attendrons vers sept heures et demie. A bientôt donc.

Mme Reboul : A bientôt, Madame, et encore merci.

3

Hervé trouve Bernadette très jolie et voudrait bien sortir avec elle. Mais il est timide...

Hervé : Bernadette, qu'est-ce que vous faites dimanche ?
Bernadette : En voilà une question directe ! Je ne fais rien de spécial. Pourquoi ?
Hervé : Eh bien, j'aimerais... Si vous vouliez, je vous emmènerais au concert. Il y a Samson François à la salle Pleyel.
Bernadette : C'est une bonne idée : je veux bien.
Hervé : Oh ! merci. Et nous pourrions dîner ensemble avant, si vous êtes d'accord.
Bernadette : C'est tout un programme ! Entendu, nous dînerons ensemble et nous irons ensuite au concert.

4

Une surprise pour tout le monde.

M. Dupin : Monod ! Qu'est-ce que tu fais ici !
M. Monod : Tiens, Dupin ! Bonjour, mon vieux. Je suis à Orléans pour quelques jours et je suis ravi de te rencontrer.
M. Dupin : Dis donc ! Ça fait bien vingt ans qu'on ne s'est pas vus ! Eh oui ! Écoute, viens avec moi. Tu dîneras à la maison. Il est trop tard pour prévenir ma femme, mais elle se débrouillera.

☆　☆　☆

M. Dupin : Madeleine, devine qui est là ? Monod, mon vieil ami du lycée que je n'avais pas vu depuis vingt ans. Je l'ai invité à dîner !
M. Monod : Madame, je vous dois des excuses. Arriver chez vous à une heure pareille...
Mme Dupin : Je vous en prie, Monsieur. Vous allez partager notre repas, tout simplement.

COMMENT DEVIENT-ON CUISINIER?

Le présentateur : Chaque semaine la Télévision française présente aux téléspectateurs une émission sur les

métiers, sous le titre « Voudriez-vous être... <u>chimiste, architecte, méde-</u> <u>cin...?»</u> Aujourd'hui, M. Vallon est venu de Mâcon pour l'émission «Voudriez-vous être cuisinier?» Quel âge avez-vous, Monsieur Vallon?

M. Vallon : Quarante-trois ans. ₁₀

Le présentateur : Et depuis quand êtes-vous cuisinier?

M. Vallon : Je suis cuisinier depuis treize ans seulement, mais je fais la cuisine depuis trente ans. ₁₅

Le présentateur : Je comprends votre distinction. Faut-il donc tout ce temps pour devenir un vrai cuisinier?

M. Vallon : Oui, et quelquefois davantage pour apprendre toutes les sub- ₂₀ tilités du métier et arriver à créer ses propres recettes.

Le présentateur : Vous voulez dire pour passer de l'artisan à l'artiste?

M. Vallon : C'est un peu ça. ₂₅

Le présentateur : Mais, dites-moi, Monsieur Vallon, avez-vous toujours voulu devenir cuisinier?

M. Vallon : Comme tous les enfants, j'étais très gourmand et j'aimais voir ₃₀ ma mère faire la cuisine.

Le présentateur : Vous <u>léchiez</u> les casseroles, naturellement!

M. Vallon : Bien sûr! Et je le ferais encore, si je n'avais pas tant de ₃₅ monde autour de moi dans les cuisines du Pont d'Argent!

Le présentateur : Moi aussi! C'est donc votre mère qui vous a appris à faire la cuisine? ₄₀

M. Vallon : Oui. Mais c'est mon père qui m'a appris à apprécier un plat.

C'était un <u>critique redoutable</u> : il savait dès la première bouchée si on avait mis trop de sel, si le poivre ₄₅ manquait, si le plat avait cuit trop longtemps.

Le présentateur : C'était donc un vrai gourmet.

M. Vallon : Oui, je crois. Il mangeait peu, mais il fallait que tout soit parfait. 50

Le présentateur : Comment avez-vous appris votre métier ?

M. Vallon : J'ai eu la chance d'entrer 55

à l'auberge du Père Louis à Lyon. Il me faisait peur, mais c'était un cuisinier extraordinaire.

Le présentateur : Avez-vous toujours réussi vos plats ? 60

M. Vallon : Bien sûr que non. J'ai manqué ma première mayonnaise, j'ai laissé brûler deux rôtis, j'ai

renversé une crème au moment où il fallait la servir. Je m'en souviens 65 encore !

Le présentateur : Y a-t-il à votre avis une cuisine de notre temps ?

M. Vallon : Non. Elle reste encore à créer. Mais il y a de nouvelles ten- 70 dances. Notre vie est différente de celle de nos grands-parents; notre cuisine doit être différente aussi.

Le présentateur : Voulez-vous dire que vous abandonnez les recettes qui ont 75 fait la gloire de la cuisine française ?

M. Vallon : Bien sûr que non, mais il faut aussi créer des plats savoureux, moins riches que les plats traditionnels. 80

Le présentateur : Acceptez-vous les cuisines étrangères ?

M. Vallon : Oui, comme des curiosités. Tous les pays ont des recettes excellentes, mais peu ont une « cui- 85 sine ». En France, nous avons la chance de posséder une longue tradition. Il faut la continuer en l'enrichissant.

Le présentateur : Vous nous avez appris 90 beaucoup de choses, Monsieur Vallon. Merci. Un dernier mot pour les futurs cuisiniers. Quelles qualités devraient-ils posséder ?

M. Vallon : Il leur faut bien sûr du 95 nez, du palais, mais aussi de l'imagination. Il ne suffit pas de continuer, il faut aussi faire du nouveau.

Le présentateur : Je suis très heureux de ce que vous venez de nous dire. 100 Pour beaucoup, en effet, la cuisine française est comme une pièce de musée alors que vous la voyez dans son évolution.

Merci encore d'avoir bien voulu 105 répondre à nos questions. J'espère que quelques-uns de nos jeunes téléspectateurs auront la chance d'apprendre leur métier avec vous.

Paris-Orly. On annonce l'arrivée du vol Air France 307, venant de Montréal. Bientôt, les premiers passagers arrivent à la porte 46. On se serre les mains, on s'embrasse, on parle fort. L'hôtesse de l'air, Catherine Bordier, sort la dernière. Elle aussi, on l'attend. Son fiancé est là et elle s'avance vers lui en souriant.

1/2

1 *Catherine :* Bonjour, Georges. Tu es gentil d'être venu m'attendre.

2 *Georges :* Bonjour, ma chérie. Tu as fait bon voyage ?

3 *Catherine :* Oh non, alors ! Ne m'en parle pas. Ce vol a été épouvantable. D'abord, un passager en retard ! Il a fallu que j'aille le chercher. Il s'était perdu dans l'aéroport.

4 *Georges :* Le pauvre ! Tu n'as pas dû bien l'accueillir !

5 *Catherine :* Penses-tu ! Tu sais bien qu'il faut que nous soyons douces et gentilles tout le temps !

6 *Georges :* C'est vrai. J'oubliais. Alors, j'espère que tu me traiteras toujours comme tes passagers.

7 *Catherine :* Et moi, je souhaite que tu sois toujours aussi aimable qu'eux !

8 *Georges* : Bien sûr, voyons ! Mais un petit retard n'a pas suffi à gâcher tout le vol. Qu'est-ce qui s'est passé ensuite ?

9 *Catherine* : Eh bien, le temps était très mauvais au-dessus de l'Atlantique.

10 *Georges* : Oh, mais toi, Cathy, je ne crois pas que tu sois très sensible à ça.

11 *Catherine* : C'est vrai, mais ça ne facilite pas mon travail, et les passagers n'aiment pas beaucoup que l'avion bouge. Il y a eu douze malades sur quatre-vingt-sept. Heureusement, ça n'a pas duré trop longtemps.

12 *Georges* : Ma pauvre chérie ! Et le repas ne les a pas réconfortés ?

13 *Catherine* : A peine. Il y avait une vieille dame désagréable qui a fait toute une histoire à propos de son vin.

14 *Georges* : Pourquoi ? Il n'était pas bon ?

15 *Catherine* : Mais si. Comme d'habitude. Il fallait sans doute qu'elle se plaigne. Je doute qu'elle sache distinguer un bourgogne d'un bordeaux. Mais, comme le passager a toujours raison, on lui a offert du champagne pour la calmer.

16 *Georges* : Il n'y avait rien d'autre à faire. Après, elle t'a certainement laissée tranquille.

17 *Catherine* : Oui. Heureusement, les autres passagers ont été charmants. Il faut dire qu'en avion les gens sont rarement désagréables.

18 *Georges* : Je suis content d'apprendre que l'avion rend les gens de bonne humeur. Les hôtesses aussi, je suppose ?

19 *Catherine* : Ah, non ! Pas cette fois ! Je suis morte de fatigue. Et toujours, à tous et à toutes, des sourires, des mots gentils. J'ai envie de mordre, maintenant.

20 *Georges* : Attention ! Rappelle-toi que tu as promis de me traiter aussi bien qu'un passager !

Des avions à réaction.

un Concorde

une Caravelle

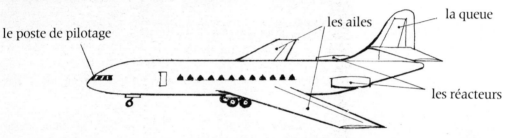

le poste de pilotage

les ailes

la queue

les réacteurs

L'avion roule sur la piste.

L'avion décolle.

L'avion atterrit.

Attachez vos ceintures.

Éteignez vos cigarettes.
Ne fumez pas pendant
le décollage.

Placez vos bagages
à main sous votre siège.

Quel vol !

Le pilote était de mauvaise humeur, et il y avait un vent épouvantable.

Dès notre départ, l'avion a commencé à bouger, et les passagers se sont sentis mal à l'aise.

Au moment où je devais servir le dîner, il y a eu une véritable tempête. Tout le monde avait peur, même moi.

Peu après minuit, nous avons appris par la radio que nous ne pouvions pas atterrir à Montréal, à cause du brouillard.

Alors, le pilote a décidé d'appeler New York ; mais quelques instants plus tard, la neige s'est mise à tomber là-bas aussi. Il fallait atterrir plus au sud.

Bientôt, nous avons commencé à nous inquiéter. C'est alors que la radio a annoncé qu'il était de nouveau possible d'atterrir à Montréal. Heureusement, les passagers n'ont rien su de tout cela !

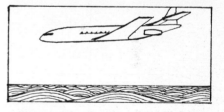

Depuis trois heures, l'avion vole au-dessus de la mer.

Depuis que nous volons au-dessus de la mer, nous sentons moins les trous d'air.

Dès l'atterrissage, l'hôtesse nous a quittés.

Dès que l'avion a atterri, les passagers sont descendus.

Pendant le vol, beaucoup de passagers ont été malades.

Pendant que nous volions au-dessus de l'Irlande, l'hôtesse a servi les repas.

1	Le subjonctif peut s'employer après certains verbes exprimant :			
Emploi du subjonctif présent	● **la volonté**	Je veux Je demande J'ordonne J'exige	**que**	vous y alliez. tu partes. tes parents le sachent.
	● **un jugement**	Il vaut mieux Il faut Il est bon Il est important Il est nécessaire Il est indispensable		
	● **le doute**	Je doute Il est douteux Il n'est pas certain Il n'est pas possible Il n'est pas probable Je ne crois pas Je ne pense pas Je n'imagine pas Je n'espère pas Croit-il Pense-t-il	**qu'il**	**parte** plus tôt (?). **vienne** nous voir (?). **apprenne** à nager (?). **aille** les aider (?).
	attention	*Avec la forme affirmative de ces verbes utilisez l'indicatif.*		
		Je crois Je pense J'imagine J'espère	**qu'il**	partira plus tôt. viendra nous voir. ira les aider.
	● **la peur**	J'ai peur Je crains	**qu'il**	fasse du bruit. ait un accident.

● **un souhait**	Je désire Je souhaite J'ai envie	**qu'elle**	m'écrive. revienne.
● **une émotion**	Je suis heureux Je suis désolé Je suis surpris Je regrette	**qu'il**	pleuve. **fasse** beau. **parte** si vite.

attention

• Dans tous ces cas le sujet du verbe principal à l'indicatif **n'est pas le même** que celui du verbe de la proposition subordonnée au subjonctif.

• Le subjonctif présent s'emploie aussi après des verbes au passé ou au conditionnel :

Exemples :

Il a fallu que l'hôtesse
aille chercher le passager perdu.
J'ai exigé qu'il le fasse.
Il était nécessaire que vous le sachiez.
Elle voudrait que nous allions la voir.

2

Le subjonctif seul peut servir à exprimer :

un souhait	Qu'il **soit** heureux ! Qu'il y **aille**, s'il le veut ! Qu'elle **vienne** avec Hélène !
ou **une volonté**	Qu'on ne me **parle** plus de tout ça ! Qu'il **parte** tout de suite ! Qu'il **prenne** le train ce soir !

Le subjonctif présent

1

Formes du subjonctif présent

	indicatif	subjonctif présent
3ᵉ personne du pluriel	**indicatif présent** ils finissent ils boivent	qu'ils finissent qu'ils boivent
1ʳᵉ et 2ᵉ personnes du pluriel	**indicatif imparfait** nous allions nous croyions vous teniez vous envoyiez	que nous allions que nous croyions que vous teniez que vous envoyiez

attention   Dans tous les cas les formes des 1ʳᵉ, 2ᵉ, 3ᵉ personnes du singulier et de la 3ᵉ personne du pluriel ont la même prononciation.

2

Terminaisons orthographiques

les terminaisons sont régulières	que je		**e**		
	que tu		**es**		
	qu'il		**e**		
	que nous	**part-**	**ions**	nous part**ions**	
	que vous		**iez**	vous part**iez**	indicatif imparfait
indicatif présent | ils **part**ent	qu'ils		**ent**		

Le radical est celui de la 3ᵉ personne du présent de l'indicatif.

2

Subjonctifs présents irréguliers

être	avoir	aller	faire	savoir	vouloir	pouvoir
que je sois	que j'aie	que j'aille	que je fasse	que je sache	que je veuille	que je puisse

et trois tournures impersonnelles :

il pleut	▶	qu'il pleuve
il faut	▶	qu'il faille
il vaut	▶	qu'il vaille

1 Répondez (questions sur le dialogue).

1. L'hôtesse de l'air a-t-elle fait bon voyage ?
2. Qu'était-il arrivé au passager en retard ?
3. Quel temps faisait-il ?
4. Est-ce que Catherine Bordier est très sensible au mauvais temps en avion ?
5. Les passagers y ont-ils été sensibles ?
6. Pourquoi la vieille dame a-t-elle fait toute une histoire ?
7. Est-il fréquent que les passagers soient désagréables en avion ?
8. Comment Catherine se sent-elle ?

2 Le croyez-vous ?

Répondez par une phrase commençant par « Je crois que » ou « Je ne crois pas que »...
1. Il fait toujours mauvais au-dessus de l'Atlantique.
2. Les passagers sont souvent désagréables.
3. L'avion rend les gens de bonne humeur.
4. Il faut éteindre les cigarettes au moment de l'atterrissage.
5. Les réacteurs sont toujours sous les ailes.

3 Donnez des ordres.

Exemple : Allez-y ! → J'ordonne que vous y alliez.
1. Venez me voir ! → Je veux...
2. Faites ce devoir ! → J'exige...
3. Finissez ce travail ! → Il est indispensable...
4. Partez tout de suite ! → Il vaut mieux...
5. Prenez un imperméable ! → Il faut...

4 Imaginez le dialogue.

Monsieur et madame Lemercier parlent de leurs prochaines vacances.
Faites-les employer les expressions suivantes :
« J'aimerais que... », « Tu ne crois pas que... », « C'est bien dommage que... »,
« Je doute que... », « Tu regrettes que... ».

Proverbe : Plus fait douceur que violence.

16 *situations*

1

Nous sommes dans le bureau de MM. Guérin, Lafont et Moinneron, architectes.

M. Guérin : Vous avez vu tous les plans, n'est-ce pas, Messieurs ? Qu'en pensez-vous ?

M. Lafont : J'aime bien la forme générale de la maison mais pas le toit. A mon avis, il faudrait qu'il soit un peu plus haut.

M. Guérin : Je doute que nous ayons le droit de construire une maison de plus de quinze mètres de hauteur. Mais il faudra voir.

M. Moinneron : Moi, j'aimerais qu'on puisse changer la place de l'ascenseur. Il serait mieux tout à fait au fond du couloir.

M. Guérin : Je ne pense pas que ce soit possible. Il faudrait refaire les plans de tous les appartements et ce serait trop cher.

2

On attend l'oncle Georges qui doit arriver en voiture. Il a beaucoup neigé pendant la journée et les Guérin ont peur que l'oncle ait un accident sur la route.

Mme Guérin : Je crains qu'il soit déjà en route.

M. Guérin : Oh, certainement ! Il fallait qu'il quitte Lille à six heures.

Mme Guérin : Je regrette de ne pas lui avoir téléphoné.

Delphine : Oui, il vaudrait mieux qu'il prenne le train.

Hervé : Ne vous inquiétez pas. Georges conduit très bien. Il ne lui arrivera rien.

Mme Guérin : Et moi, je préférerais qu'il soit encore chez lui.

3

Anne-Marie et Juliette cherchent quel cadeau elles pourraient faire à Guy.

Anne-Marie : Guy a besoin de gants, tu sais.
Juliette : Oui, sans doute, mais je ne pense pas qu'il ait envie d'un cadeau utile.
Anne-Marie : Tu as peut-être raison. Un livre alors ?
Juliette : Oh ! Ce n'est pas très original. Je regrette qu'il ne soit pas plus élégant : j'ai vu des chandails anglais magnifiques !
Anne-Marie : Très bonne idée. Nous allons en choisir un. S'il le met, tant mieux, s'il ne le met pas... il pourra nous le prêter.

4

M. Théophile est un peu lent. Il pense, il réfléchit, il choisit, il décide à une vitesse d'escargot.

Le patron : Monsieur Théophile, ces commandes sont toutes urgentes. Croyez-vous que nous puissions les satisfaire avant la fin du mois ?
M. Théophile : Je crois que nous pouvons... Non, non, pardon, je ne crois pas que nous puissions les satisfaire.
Le patron : Vous le croyez, ou vous ne le croyez pas ?
M. Théophile : C'est-à-dire que... Non, je ne le crois pas. Et même je crains bien que nous soyons déjà en retard. Il y a trop de commandes à cette époque de l'année.
Le patron : Alors que proposez-vous ? Je ne veux pas que les clients attendent.
M. Théophile : Ce que je propose ? Eh bien... Peut-être... Voilà ! J'aimerais que nous ayons quelqu'un pour nous aider.
Le patron : Je doute que ça aille mieux, mais on peut essayer.

1. LE CONCORDE

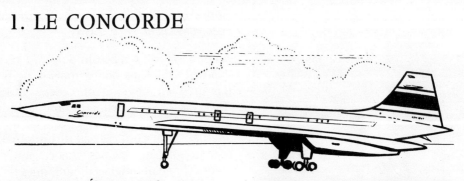

Les Champs-Élysées, jeudi 6 juin 1969.

11 h 58. Dans la grande avenue, les voitures et les autobus roulent lentement. Les gens vont bientôt sortir des bureaux, des banques, des maga- 5 sins, et les cafés, les restaurants se rempliront.

12 h. Que font tous ces gens le nez en l'air? Pourquoi ont-ils abandonné 10 leur steak-frites ou leur sandwich pour regarder ainsi le ciel? Dans la grande avenue toutes les voitures sont immobilisées. Même les agents oublient leur travail. Que se passe- 15 t-il donc? Un grondement nous renseigne. Là-haut, survolant Paris pour la première fois, c'est le prototype 001 du Concorde.

L'aviation de demain est née avec le 20 premier vol du Concorde, le 2 mars 1969.

Le ciel était clair sur l'aéroport de Toulouse quand le Concorde, avec

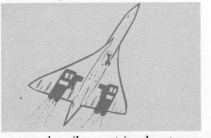

sa grande aile en triangle et son 25

long nez fin, légèrement courbé vers la terre, a décollé dans le bruit terrible de ses quatre réacteurs.

Ce n'était pas pour aller en Amérique, mais seulement pour essayer ses 30 moteurs à réaction de 23 000 chevaux chacun. Bientôt il pourrait emporter ses passagers à la vitesse de 2,2 Mach, c'est-à-dire deux fois la vitesse du son. 35

En France et en Angleterre, mille ingénieurs et plus de dix mille ouvriers et techniciens travaillaient depuis plus de dix ans à sa réalisation. Il devait peser 90 tonnes: il en 40 pèse 170. Il ne devait emporter que 118 passagers: il en emporte 135, ou même plus. Mais il devait aussi coûter beaucoup moins cher! Heureusement pour les constructeurs, avant 45 même la fin des essais, plus de quatre-vingts avions étaient déjà achetés par plusieurs compagnies aériennes: Air-France et la BOAC bien sûr, mais aussi par des compagnies américaines 50 et d'autres encore...

2. LES PIONNIERS DE L'AVIATION

Dans « Vol de Nuit », Antoine de Saint-Exupéry a su décrire le courage, la volonté, l'héroïsme, mais aussi la faiblesse et la peur des pionniers de l'aviation.

Rivière, « admirable figure de chef », attend la nuit le retour des équipages. Il exige d'eux le maximum parce qu'il croit que « nous agissons comme si quelque chose dépassait la vie humaine », mais il aime ses hommes et cache son inquiétude.

« Ainsi les trois avions postaux de la Patagonie, du Chili et du Paraguay revenaient du Sud, de l'Ouest et du Nord vers Buenos-Aires. On y attendait leur chargement pour donner le

départ, vers minuit, à l'avion d'Europe.

Trois pilotes, perdus dans la nuit, méditaient leur vol, et, vers la ville immense, descendaient lentement de

leur ciel d'orage ou de paix, comme d'étranges paysans descendent de leurs montagnes.

Rivière se promenait de long en large sur le terrain d'atterrissage de Buenos-Aires. Il demeurait silencieux car, jusqu'à l'arrivée des trois avions, cette journée, pour lui, restait redoutable. Minute par minute, à mesure que les télégrammes lui parvenaient, Rivière avait conscience d'arracher quelque chose au sort, de réduire la part d'inconnu, et de tirer ses équipages, hors de la nuit, jusqu'au rivage. Un manœuvre aborde Rivière pour lui communiquer un message du poste radio :

— Le courrier du Chili signale qu'il aperçoit les lumières de Buenos-Aires.
— Bien.

Bientôt Rivière entendrait cet avion : la nuit en livrait un déjà. Et plus tard on recevrait d'elle les deux autres. Alors cette journée serait liquidée.

Alors les équipes usées iraient dormir,

remplacées par les équipes fraîches. Mais Rivière n'aurait point de repos : le courrier d'Europe, à son tour, le chargeait d'inquiétudes. Il en serait toujours ainsi. Toujours. »

SAINT-EXUPÉRY
Vol de Nuit (Gallimard).

17 | Quel métier !

Sur la scène et derrière la scène de l'Olympia, le plus grand music-hall de Paris, tout le monde s'agite. Dans une heure, la salle sera remplie d'adolescents venus pour applaudir leur idole, Jimmy Greenaway. Dans sa loge, Jimmy Greenaway répond aux questions des journalistes.

1 *Jimmy :* Non, je n'ai pas chanté à l'Olympia depuis deux ans malgré les demandes de mon public.

2 *1ᵉʳ journaliste :* Composez-vous toutes vos chansons ?

3 *Jimmy :* Absolument toutes. Je ne chante que du Jimmy Greenaway.

4 *2ᵉ journaliste :* Vous écrivez vos chansons sur des thèmes éternels : l'amour, le désespoir, la solitude...

5 *Jimmy :* C'est vrai. C'est ce qui plaît à tous les publics, en France comme à l'étranger.

6 *2ᵉ journaliste :* Oui, sans doute. Mais n'avez-vous jamais envie de chanter les événements actuels, les problèmes de notre siècle ?

7 *Jimmy :* Non, car je veux que mes chansons durent.

8 *3ᵉ journaliste :* On dit que vous ne voulez pas vous marier avant d'avoir fait votre service militaire, bien qu'on vous voie souvent avec une jolie blonde. Est-ce vrai ?

9 *Jimmy* : C'est vrai pour le moment, à moins, bien sûr, que je fasse la connaissance de la jeune fille idéale...

10 *Un photographe* : Veuillez prendre votre guitare et jouer quelques notes. Là. Merci.

11 *1ᵉʳ journaliste* : Quels sont vos projets ?

12 *Jimmy* : Dans quinze jours, je vais enregistrer un disque en Angleterre, puis je pars pour l'Italie.

13 *4ᵉ journaliste* : Est-ce qu'on vous verra sur les plages cet été comme l'année dernière ?

14 *Jimmy* : Bien sûr. Au mois d'août, je ferai mon tour de France et je présenterai de nouvelles chansons.

On entend une sonnerie.

15 *Jimmy* : Messieurs, il faut que j'aille m'habiller et que j'aie quelques instants de calme avant d'entrer en scène.

Les journalistes prennent une dernière photo et quittent la loge. Il ne reste qu'Antoinette Julien, chanteuse elle aussi.

16 *Antoinette* : Alors, Jimmy, qu'est-ce que tu deviens ?

17 *Jimmy* : Je fais trois disques, j'achète une maison sur la Côte d'Azur et un bateau, je change de voiture, je fais une tournée aux États-Unis. Mais assez parlé de moi. Parlons un peu de toi. Qu'est-ce que tu penses de mon dernier disque ?

18 *Antoinette* : Formidable, mon vieux, formidable ! Et ce soir tu vas encore nous tuer ?

19 *Jimmy* : Non, non, ne dis rien avant que le rideau se lève. Je suis superstitieux, tu sais.

Jimmy Greenaway entre en scène vêtu de cuir doré. Le public le salue debout, jusqu'à ce que, d'un geste, il réclame le silence. Il se met à chanter. La salle est muette d'admiration, en extase. Un tonnerre de bravos salue la fin de la chanson.

20 *Antoinette* : Ça y est ! Il a encore gagné.

Qui êtes-vous ?

Vous avez le bas du visage large,
le menton carré, le front haut.
Vous êtes franc et volontaire ;
vous aimez l'action et même
l'aventure.

Vous avez le visage triangulaire,
le menton fin. Vous êtes sensible,
susceptible même. Votre nervosité est
grande et vous manquez de patience.

Vous avez le visage ovale,
les traits réguliers. Vous êtes
calme, gracieuse, sentimentale.
Vous aimez la rêverie, vous recherchez
l'harmonie dans les choses.

Vous avez le visage rond.
Vous êtes gai, optimiste, gourmand ;
vous vous faites facilement des amis,
vous avez tendance à être paresseux et
à vous mettre en colère.

Les lèvres

Lèvre inférieure mince
Scepticisme. Vous doutez de tout et
de tous.
Attention : vous devez être difficile
à vivre et vous ne réussirez pas très
bien dans les affaires.

Lèvre supérieure mince
Méfiance. Vous imaginez toujours le
pire. Vous manquez d'enthousiasme et
vous faites rarement des folies.
Attention : vous risquez de paraître
vieux avant l'âge.

Lèvre supérieure épaisse
Gourmandise. Vous appréciez trop les
plaisirs de la vie, en particulier ceux
de la nourriture.
Attention : trop de gâteaux ou de bons
repas épaississent la silhouette.

Lèvre inférieure épaisse
Bonté. Vous êtes généreux, toujours
prêt à aider et à donner.
Attention : vous faites trop facilement
confiance aux autres. Ils risquent
d'en abuser.

Le subjonctif *suite*	Le **subjonctif** est obligatoire après :	
1 Emploi obligatoire	**pour que**	Je lui ai écrit **pour qu'il comprenne.**
	bien que	Il continue à travailler comme avant, **bien qu'il soit** très fatigué.
	avant que	Donne-lui son manteau **avant qu'il sorte** avec Charles et Hélène.
	jusqu'à ce que	Il vaut mieux rester ici **jusqu'à ce qu'ils reviennent.**
	à condition que	Vous aurez des places **à condition que vous alliez** les louer au théâtre.
	à moins que	Je prendrai les places **à moins que vous vouliez** les prendre vous-même.
	sans que	J'ai lu ce livre **sans qu'il le sache.**
attention	Employez l'**indicatif** après :	
	parce que	Il est venu **parce que** je lui ai dit qu'Hélène était malade.
	depuis que	Je ne l'ai pas revu **depuis qu'il est** rentré de voyage.
	pendant que	Il n'est pas venu me voir **pendant que** j'étais malade.
attention	Les sujets des deux verbes sont différents, ▶	le deuxième verbe, celui de la proposition subordonnée, est au **subjonctif**.
	Le sujet est le même, ▶	le deuxième verbe est à l'**infinitif**.

sujet (p. principale) ≠ sujet (p. sub.)		un même sujet	
▼	▼	▼	
Il veut souhaite désire ne pense pas	**que vous veniez.**	**Il** veut souhaite désire ne pense pas	**venir.**
Il a peur craint regrette a envie est heureux		**Il** a peur craint regrette a envie est heureux	de **venir.**

2

Prépositions
et
conjonctions

Prépositions + nom / verbe à l'infinitif	Conjonctions + verbe au subjonctif / verbe à l'indicatif

Préposition + nom	Préposition+infinitif	Conjonction + verbe
avant son départ jusqu'à son arrivée pour sa venue .... à moins d'un achat sans hésitation .... malgré sa réponse	avant de partir .... pour venir de peur de grossir à moins de l'acheter sans hésiter à condition de chanter	avant qu'il parte **(subj.)** jusqu'à ce qu'il arrive pour qu'il vienne de peur qu'elle grossisse à moins qu'il l'achète sans qu'il hésite à condition qu'il chante bien qu'il réponde
après sa sortie depuis sa naissance pendant sa promenade à cause de sa maladie	après être sorti	après qu'il est sorti **(ind.)** depuis qu'il est né pendant qu'il se promenait parce qu'il est malade

attention   Avec **après** utilisez toujours l'infinitif passé.
Un verbe à l'infinitif est impossible après : **jusqu'à, depuis, pendant, à cause de, malgré.**

	genre			exemples		exceptions
1 **Les noms de continents et de pays**	**masculin**	**son final :**	• l • voyelle sauf i	le Portugal le Liban		
		la plupart des pays d'Amérique		le Canada les États-Unis le Mexique le Brésil le Pérou		*sauf :* la Colombie la Bolivie l'Argentine
	féminin	**son final : i**		la Russie la Roumanie l'Italie la Colombie		*sauf :* le Chili
		les cinq continents		l'Europe l'Amérique l'Asie l'Afrique l'Océanie		
		la plupart des pays d'Europe		la France la Belgique la Suisse la Hollande l'Allemagne l'Espagne la Suède la Norvège		*sauf :* le Danemark le Luxembourg le Portugal

2 **Emploi avec les prépositions en, à, de**	noms masculins	**à** **de**	avec article ▼ au, aux du, des	Je suis Je vais Je viens	**au** **aux** **du** **des**	Canada. États-Unis. Japon. Portugal. États-Unis.
	noms féminins	**en** **de**	sans article	Je suis Je vais Je viens	**en** **de** **d'**	France. Angleterre. Suisse. Russie. Australie. Argentine.

1 Répondez (questions sur le dialogue).

1. Pourquoi est-ce que tout le monde s'agite sur la scène de l'Olympia ?
2. Qui compose les chansons de Jimmy Greenaway ?
3. Quels sont ses thèmes ? Pourquoi ?
4. Qu'attend-il pour se marier ?
5. Quels sont ses projets ?
6. Que veut dire la sonnerie ?
7. Veut-il vraiment connaître les projets de son amie Antoinette ?
8. Comment le public accueille-t-il son entrée en scène ?

2 Complétez.

Monsieur Durand veut partir en voyage. Il explique ses projets à des amis.
1. Je voudrais partir avant que...
2. Je prendrai l'avion à moins que...
3. J'irai dans le plus grand hôtel à condition que...
4. Je resterai là-bas jusqu'à ce que...
5. Je reviendrai pour que...

3 Transformez d'après le modèle.

Exemple : Pendant que nous volions au-dessus de l'Atlantique, il faisait mauvais.
→ Pendant notre vol au-dessus de l'Atlantique, il faisait mauvais.
1. Jusqu'à ce qu'il atterrisse, le pilote a gardé le contact par radio avec l'aéroport.
2. Pendant que les acteurs répétaient, la salle était presque vide.
3. Parce qu'il était malade, il n'a pas voulu partir.
4. A moins que les examens changent, on ne pourra pas changer les programmes.
5. Bien qu'elle soit malade, ses amis l'ont invitée.

4 Écrivez.

Décrivez en quelques lignes une personne sceptique, ou gourmande, ou méfiante.
Décrivez une de vos journées, heure par heure, comme celle de l'idole (texte du dossier).

Proverbe : Tout ce qui brille n'est pas or.

1

Delphine peut sortir le soir mais il faut qu'elle demande la permission à ses parents.

Delphine : Maman, est-ce que je peux aller danser samedi ?
Mme Guérin : Oui, à condition que tu me promettes de rentrer à minuit.
Delphine : C'est entendu. Je serai à l'heure.
Mme Guérin : A moins que tu oublies de regarder ta montre !
Delphine : Mais non, voyons. J'y penserai. Je vais téléphoner à Jean-Paul pour qu'il vienne me chercher.
Mme Guérin : Attends jusqu'à ce que ton père soit là. Tu n'as encore qu'une demi-permission.

2

Dans les bureaux des Nouvelles Galeries, on cherche des secrétaires.

M. Dupin : Mesdemoiselles, vous êtes toutes venues pour la place de secrétaire ? Alors veuillez vous asseoir en attendant que le chef du personnel puisse vous recevoir.
Une jeune fille : Est-ce que nous devrons rester ici longtemps ?
M. Dupin : Si vous pouvez attendre un peu, le chef du personnel vous verra ce matin, à moins que vous préfériez revenir cet après-midi après 15 heures.
La jeune fille : Merci, Monsieur. Bien que je sois un peu pressée, je préfère attendre mon tour et passer ce matin.

3

Aujourd'hui, le dîner devra être rapide.

Mme Girard : Bernadette, dépêche-toi de mettre le couvert avant que ton père soit là. Il est très pressé aujourd'hui.
Bernadette : Pressé ou pas, il devra attendre que le rôti soit cuit.
Mme Girard : Je doute qu'il ait le temps d'attendre. Pendant que je prépare la salade, fais chauffer le potage.
Bernadette : A moins que nous laissions le potage, puisque papa est pressé...

4

Guy et son ami Christophe rentrent de la bibliothèque.

Guy : Tu as vu cette voiture devant la boulangerie ?
Christophe : Oui, pas mal, bien qu'elle me paraisse un peu trop grande pour Paris.
Guy : Et la rouge, devant ?
Christophe : Oui, celle-là est très belle mais je ne crois pas qu'elle soit très rapide.
Guy : Eh bien, tu es difficile ! Mais tu as peut-être raison. Continuons. En passant devant le garage, je te montrerai celle que je voudrais avoir. Je serais bien étonné qu'elle ne te plaise pas.

LA JOURNÉE D'UNE IDOLE

11 h. Je suis réveillée brusquement par le téléphone : c'est une journaliste qui me demande... d'embrasser une feuille de papier afin de publier

le dessin de mes lèvres dans la revue 5 « Les garçons et les filles ».
11 h 45. Après m'être rendormie, je suis réveillée de nouveau... par le

réveil cette fois. Il est l'heure de se lever. Ah ! C'est dur... 10
11 h 50. J'ai oublié d'acheter du

dentifrice hier soir. Tant pis, je me lave les dents à l'eau fraîche.

12 h. Quelques mouvements de gymnastique pour me mettre en 15 forme.
12 h 15. Je téléphone chez Vogue

pour savoir si mes nouvelles affiches sont prêtes. Je suis vraiment mal

réveillée : je commence par me tromper de numéro et je tombe sur... 20

l'horloge parlante.
12 h 20. Comment vais-je m'habiller ? Je me décide pour une tenue de sport. Pull noir, pantalon brun 25

et bottes noires. J'adore cette tenue.
12 h 30. Mon petit déjeuner : voyons, je vais prendre un café et deux œufs.

12 h 55. J'ai douze peignes, mais quand j'en veux un... 30

13 h 05. Un peu d'ordre dans mon appartement. Un journaliste doit venir prendre des photos ici. Je ne me souviens plus si c'est pour aujourd'hui ou pour demain. 35
13 h 10. Ah ! J'ai retrouvé mon

agenda. C'est pour demain. Alors, je finirai de ranger demain matin. Et puis, il faut que je me dépêche.
13 h 30. Je prends un taxi en bas 40 de chez moi.

13 h 35. J'arrive chez Vogue, rue d'Hauteville, pour écouter un nouveau chanteur, Michel Ducros. Pas génial, mais des possibilités à mon avis. ₄₅

15 h 45. Un petit saut rue d'Anjou pour voir maman. On se voit quelques minutes. Elle a rendez-vous... moi aussi. ₅₀

16 h 10. Séance de coiffure.

17 h. J'adore la marche à pied. Je retourne chez Vogue voir un ami. Je marche vite.

17 h 30. Panique au studio. Jacques ₅₅ chante des vieux rocks.

18 h. Il faudrait que je répète un peu mes nouvelles chansons. Je suis trop fatiguée. Je n'en ai pas envie.

19 h. Le balayeur, insensible à la ₆₀ musique, range le studio. En clair, ça veut dire «Dépêchons-nous»...

19 h 30. Quelqu'un lance cette phrase géniale : « Où allons-nous dîner ? »

20 h 30. Nous sommes sur le trottoir, ₆₅ devant l'immeuble de Vogue, toujours à discuter sur le choix du restaurant où nous irons.

21 h 30. Rendez-vous au « Trois et demi », restaurant très sympa, près de ₇₀

la place de la Contrescarpe. Je

demande un bifteck très cuit.

23 h. Tout le monde est très gai. On parle, on parle.

23 h 35. En sortant du restaurant, ₇₅ je tombe sur... Olivier Gréco. Il me raconte une histoire qui vient de lui arriver. Elle est vraiment drôle, mais ne comptez pas sur moi pour vous la raconter. ₈₀

24 h. Nous allons prendre un verre chez Toinette.

1 h du matin. Arrive Toinette en personne. Elle nous fait préparer des

spaghettis. Ce n'est plus possible : ₈₅ j'ai pris au moins deux kilos aujourd'hui.

2 h. Je n'ai pas dansé. Nous avons bavardé de choses et d'autres.

2 h 10. Au lit, tout le monde ! Nous ₉₀ prenons un taxi.

2 h 25. Je finis mon Proust ? Je ne sais pas. Et puis zut, je ne fais rien

du tout. Je dors tout de suite.
A bientôt... ₉₅
Texte adapté de «Salut les copains».

213

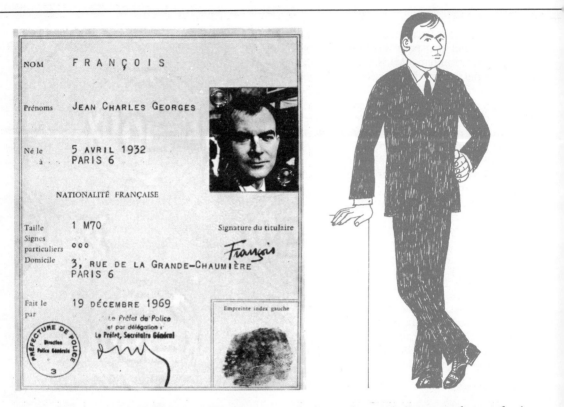

NOM   F R A N Ç O I S

Prénoms   JEAN CHARLES GEORGES

Né le   5 AVRIL 1932
à   PARIS 6

NATIONALITÉ FRANÇAISE

Taille   1 M70
Signes
particuliers   ooo
Domicile   3, RUE DE LA GRANDE-CHAUMIÈRE
            PARIS 6

Fait le   19 DÉCEMBRE 1969
par

Le Préfet de Police
et par délégation :
Le Préfet, Secrétaire Général

Signature du titulaire

Empreinte index gauche

Monsieur François ressemble à des millions de Français de son âge, mais il ne veut être confondu avec personne. Son attitude le prouve dans les petites comme dans les grandes circonstances.

Monsieur François refuse de traverser entre les clous. N'est-il pas libre de choisir son itinéraire comme il l'entend ? S'il prenait le passage clouté, il arriverait sur le trottoir d'en face juste devant le café des Sports, alors qu'il va au magasin qui se trouve trente mètres 5 plus loin. Il reconnaît qu'il est plus prudent de regarder les feux, mais c'est surtout bon pour les personnes âgées ou les enfants. Lui, il a le coup d'œil rapide, les jambes solides et de bons réflexes. Ne lui dites pas qu'il risque sa vie plusieurs fois par jour parce 10 qu'il refuse d'obéir aux règlements ! Il se moquerait de vous. Il ne déteste pas le risque à condition qu'il ne soit pas trop grand. Il aime se prouver à lui-même qu'il n'est pas comme ces gens obéissants pour qui on fait des lois et des règlements. Ne 15 discutez pas. Il serait facilement d'accord avec vous ! Des lois, des règlements, il en faut, mais pas pour lui.

Monsieur François doit garer sa voiture. Ce n'est pas facile dans les vieux quartiers des villes françaises où les rues sont très étroites. Là-bas, il y a une place, mais il y a aussi un panneau d'interdiction. Monsieur François risque une contravention. Tant pis ! Il n'a pas de temps à perdre, il gare sa voiture à l'endroit interdit et s'en va, tranquille.
Quand il revient, un agent est là. Il a tiré son carnet de sa poche et va écrire la contravention.

M. François :   Monsieur l'agent, Monsieur l'agent !
L'agent :   Vous avez garé dans un endroit interdit, Monsieur.
M. François :   Je sais bien, Monsieur l'agent, et je le regrette, mais, voyez-vous,
                 il m'a été impossible de trouver une autre place.
L'agent :   Ça, je ne veux pas le savoir. Vous connaissez le règlement ?   5
M. François :   Oui, bien sûr. Mais j'avais un rendez-vous très important
                 et il ne fallait absolument pas que je sois en retard.
L'agent :   Ça, c'est votre affaire. La mienne, c'est de donner des contraventions.
M. François :   Mais, Monsieur l'agent, pour moi ce rendez-vous était une question de
                 vie ou de mort. Il faut que vous compreniez.   10
L'agent :   Je comprends que vous avez mal garé votre voiture.
M. François :   Mais, Monsieur l'agent, mettez-vous à ma place. Toute la rue était
                 pleine de voitures et il n'y avait que cet endroit.
                 Je savais que je ne resterais pas longtemps.
                 Mettez-vous à ma place, Monsieur l'agent.   15
L'agent :   Évidemment, évidemment. Bon, partez vite d'ici.
                 Ça va pour cette fois. Mais attention ! Si je vous retrouve,
                 vous l'aurez, votre contravention.

Monsieur François a acheté des clous, du fil électrique, des planches pour sa maison de banlieue qu'il a décidé de moderniser.

M. François :	Alors, Mademoiselle, vous me faites envoyer tout ça ?
L'employée :	Oui, Monsieur, mais pas avant jeudi.
M. François :	Pas avant jeudi ? Mais il me le faut mardi !
L'employée :	Mardi ? Impossible, Monsieur.
M. François :	Voyons, Mademoiselle, vous pouvez bien essayer ? 5
L'employée :	Non, Monsieur, c'est impossible.
M. François :	Écoutez, je comprends que la plupart de vos clients ne soient pas très pressés, mais moi, c'est différent ; il me faut absolument tout ce que j'ai acheté pour mardi.
L'employée :	Monsieur, n'insistez pas, je vous dis que c'est impossible. 10
M. François :	Écoutez, je ne me permettrais pas de vous ennuyer si je n'avais pas de bonnes raisons pour le faire. Mercredi, un camarade vient m'aider à travailler, et il ne peut venir que ce jour-là... Vous voyez bien que vous devez me livrer mardi. 15
L'employée :	Bon, je vais voir ce que je peux faire.
M. François :	Ah ! merci, Mademoiselle, je savais bien que vous comprendriez.

Madame François, elle, veut être unique : sa maison, ses enfants, ses robes, tout doit être différent de ceux de ses voisines et de ses amies.

Madame François fait faire une robe. Elle a déjà choisi son modèle.

Mme François :	Qu'est-ce que vous en pensez, Mme Pommier ?
Mme Pommier :	Je peux vous dire que ce modèle a beaucoup de chic. Je l'ai déjà réalisé pour Mme Picard et elle en était enchantée. 20
Mme François :	Ah ! Mme Picard a choisi ce modèle. Bon, alors je prends l'autre.
Mme Pommier :	Oh, non ! vous auriez tort ; celui-ci vous irait très bien.
Mme François :	Ça ne fait rien. Je ne veux pas porter la même robe que Mme Picard.
Mme Pommier :	Mais puisque ce n'est pas la même couleur ni le même tissu...
Mme François :	Je ne veux ressembler à personne. 25
Mme Pommier :	Voyons, ce modèle est vraiment fait pour vous. Nous allons y ajouter un col et peut-être quelques boutons dorés. Ça changera complètement la robe.
Mme François :	Vous croyez ?
Mme Pommier :	J'en suis sûre. Personne ne pourra penser que votre robe 30 et celle de Mme Picard sont faites sur le même patron.
Mme François :	Si vous en êtes certaine, je veux bien. Mais il faut que ma robe soit vraiment différente de la sienne.

Cela n'empêche pas madame François de lire les journaux de mode pour voir « ce qui se porte » et « ce qui se fait », et de suivre leurs conseils exactement comme toutes ses voisines !

Monsieur François n'est pas patient !

*Monsieur François manque souvent de patience et il proteste tout le temps : contre l'adminis-
tration, contre le gouvernement, contre son patron, contre ses camarades de travail, contre
la température, contre les événements. Il « rouspète », mais il a bon cœur. Écoutez plutôt :*

Monsieur François attend l'autobus. Le vent est froid, les minutes paraissent longues.
L'autobus n'arrive pas. Monsieur François regarde sa montre,
fait quelques pas pressés et se tourne vers une dame qui attend comme lui.

M. François : Il ne passe pas souvent le 22 !
La dame :   Non, en effet. Je me demande ce qui arrive.
M. François : Oh ! c'est toujours la même chose. Les autobus ne sont jamais à l'heure.
              En principe, c'est un service public, mais rien ne marche plus mal
              que les services publics.   5
La dame :   Vous avez peut-être raison.
M. François : Tenez, prenez le gaz ou l'électricité. Vous en êtes satisfaite, vous ?
La dame :   C'est-à-dire que...
M. François : Et le téléphone, et les postes ? Ah non ! rien ne va bien. C'est la
              faute du gouvernement, bien sûr. « Ils » se moquent bien de nos besoins, 10
              allez ! On se demande à quoi servent nos députés.
La dame :   Le voilà.
M. François : Enfin, ce n'est pas trop tôt !

Hélas ! l'autobus est complet. Monsieur François demande des explications au receveur.

M. François : Vous savez depuis combien de temps nous attendons ? C'est inadmissible !
              Je vais faire une réclamation.   15
Le receveur : Faites, Monsieur. On roule très mal dans tout le quartier de la
              République à cause des travaux du gaz. Nous n'y pouvons rien.
M. François : Mais moi, je perds mon temps, et je paie des impôts ! C'est un scandale !
Le receveur : En voilà un autre.
M. François : Il doit être complet.   20

*Heureusement non. Pas cette fois. Mais monsieur François ne peut pas trouver de place assise
à l'intérieur et il est obligé de rester debout. Il tend ses tickets au receveur et il continue
son monologue devant les autres voyageurs.*

M. François : Vous vous rendez compte ! J'ai attendu un quart d'heure, et je peux
              tout juste trouver une place debout. C'est inadmissible !

18 | *Monsieur François n'est pas patient !*

Quand monsieur François arrivera chez lui vers 7 heures et demie, ce sera juste le moment de se mettre à table, mais il aura ensuite une longue soirée tranquille. Pendant qu'il monte l'escalier, il pense avec joie à ses pantoufles, à la télévision et au bon repas qui l'attend. Il met le clé dans la serrure. Sa femme lui dit de garder son manteau.

Mme François : Jean, on a téléphoné de l'imprimerie.
                Il faut quelqu'un pour diriger l'équipe de nuit.
M. François :   Comment ? Mais c'est Martin qui s'en occupe.
Mme François : Non, pas ce soir ! Martin est malade. Alors, si tu pouvais y aller...
M. François :   Ah ! non alors. Pourquoi veux-tu que j'y aille ? Hein ? Pourquoi moi ? ₅
                Ce sont toujours les mêmes qu'on appelle.
Mme François : Tu sais bien que vous n'êtes pas très nombreux
                à pouvoir prendre cette responsabilité.
M. François :   C'est parce que la maison est mal organisée. Il y a trop d'incapables 10
                et de paresseux. Il faudrait tout changer.
Mme François : Écoute, tu n'es pas directeur.
M. François :   Non, mais je connais la maison : quelques-uns qui travaillent et à qui
                on peut tout demander parce qu'ils sont trop bons ou trop bêtes, et une
                bonne vingtaine qui laissent passer le temps. C'est inadmissible. 15
Mme François : Mais où vas-tu ?
M. François :   A l'imprimerie, évidemment. Il faut bien que le journal sorte !

Madame François savait bien que son mari irait à l'imprimerie remplacer son camarade. Elle le connaît : « Mauvaise tête et bon cœur ! »

Monsieur François dit : « C'est la faute du gouvernement. » Bien entendu, le gouvernement ne peut pas être bon. Monsieur François sait qu'il ne peut rien en attendre. En France, le gouvernement ne gouverne pas avec les Français mais contre eux. « Ils devraient... » ou « Ils pourraient bien... ». Personne ne demande jamais qui sont ces « Ils » responsables de tous les malheurs, mais tout le monde sait ce qu'« Ils » devraient faire pour que tout aille mieux.

« Ce sont toujours les mêmes qui... » Monsieur François aime se plaindre : « Non, ça ne va pas. Le travail ne marche pas, nous avons eu un très mauvais printemps, les impôts ont encore augmenté et vous voudriez que je sois content ! »

Mais si on le pousse un peu, il reconnaît qu'il y en a de bien plus malheureux que lui et, qu'après tout, il est assez satisfait de sa vie.

Un jeu test

Un agent vous arrête à un feu rouge; au restaurant, un garçon fait tomber de la sauce sur votre costume neuf; vous faites la queue pour entrer au théâtre et on arrête de donner des billets juste au moment où vous arrivez à la caisse...

Ces incidents arrivent tous les jours et vous avez une réaction qui vous est propre. Est-ce que vous dites : « Ce n'est rien », ou « C'est ma faute », ou « C'est trop fort » ?

Quelle serait votre réaction dans les cinq situations suivantes ? Marquez d'une croix la réponse que vous choisissez.

---

1 Vous avez manqué le train d'une minute.

A Je prendrai le suivant.

B C'est ma faute. Si j'étais parti plus tôt !...

C Il fallait que tu me dises
que c'était l'heure de partir.

D C'est impossible de rouler ; il n'y a qu'à Paris
qu'il faut une heure pour faire deux kilomètres !

E On a encore avancé l'heure du train !

---

2 Vous lisez au lit; votre femme n'est pas d'accord.
« Peux-tu arrêter de lire ? J'ai envie de dormir. »

A Bien sûr, je viens de finir mon histoire. (C'est faux.)

B Pardonne-moi, chérie. J'oubliais que tu devais
te lever tôt demain matin.

C Toi, tu passes ta vie à dormir !

D Même chez soi, on ne peut jamais
faire ce qu'on veut !

E Juste le soir où j'ai enfin un livre intéressant !

3 *Vous êtes en pleine campagne ; la voiture s'arrête. « Zut ! plus d'essence, c'est la panne. »*

A   Ce n'est pas grave, l'endroit est très joli.

B   C'est ma faute, je devais en prendre
    avant de partir et j'ai oublié.

C   Si tu m'avais dit d'en prendre,
    nous n'en serions pas là !

D   Ces réservoirs sont vraiment trop petits.
    Ils sont tout de suite vides.

E   Ces choses-là n'arrivent qu'à moi !

4 *La rue est interdite à cause de travaux. Il faut faire un détour.*

A   Tant pis ! Je vais prendre le boulevard Brune.

B   C'est ma faute, je n'ai pas pris le bon chemin.

C   Toi qui fais tes courses près d'ici,
    tu savais bien qu'on ne pouvait pas passer.
    Pourquoi ne me l'as-tu pas dit ?

D   C'est toujours la même chose !
    Ah ! si j'étais au gouvernement !...

E   C'est toujours quand je suis pressé que je suis
    obligé de perdre du temps en route.

5 *Votre fils, en rentrant de l'école, vous annonce une mauvaise nouvelle : « J'ai été renvoyé. »*

A   C'est ennuyeux, mais, que veux-tu,
    tu iras dans une autre école.

B   J'ai eu tort. Je n'ai pas été assez sévère avec toi.

C   Moi, je ne suis jamais à la maison ;
    mais ta mère te laisse faire tout ce que tu veux.

D   Ton professeur est idiot.
    Je vais aller lui dire ce que je pense.

E   Un enfant pareil, quel malheur !
    Regarde le fils de Rochet, il travaille si bien !

Avez-vous une majorité de A, de B, de C, de D ou de E ?
Lisez le portrait correspondant à la lettre qui se trouve dans la majorité de vos réponses.

Vous reconnaissez-vous ?

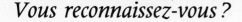

Comment répondrait M. François ?

E

Vous n'avez presque que des E. Tout est contre vous : les gens, votre famille même... C'est une véritable conspiration et vous êtes persécuté. Mais vous n'acceptez pas une situation que vous trouvez inconfortable, et vous le dites souvent avec colère et amertume.

D

Vous n'avez presque que des D. Vous refusez comme dans le cas précédent d'accepter les conséquences de vos actes et vos réactions sont toujours pleines d'agressivité. Vous aimez bien vous présenter comme une victime qu'il faut plaindre et non condamner.

C

Vous n'avez presque que des C. Vous n'avez pas le courage d'accepter la responsabilité de vos actes et vous la rejetez sur les autres. Le coupable, c'est toujours une autre personne : votre femme, le plus souvent, des collègues de bureau ou le gouvernement, mais jamais vous-même...

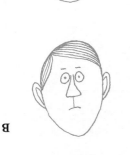

B

Vous n'avez presque que des B. Vous vous sentez souvent coupable de tout et même de ce qui ne vous concerne pas. Vous acceptez trop facilement vos échecs parce que vous avez trop conscience de vos faiblesses. Vous n'avez pas assez confiance en vous, vous êtes pessimiste et vous ne croyez jamais à la réussite possible.

A

Vous n'avez presque que des A. Vous avez très bon caractère et vous trouvez toujours le bon côté des choses. Les gens qui vivent avec vous apprécient votre calme et le contrôle que vous avez sur vous-même. Mais, êtes-vous vraiment intéressé par les autres ?

Monsieur François sait mieux que personne la distance qu'il y a du rêve à la réalité.

Il pourrait être un grand capitaine, mais il se contente de commander sa petite famille de 2,5 enfants (moyenne française).

Il pourrait explorer des pays inconnus sur la terre ou dans d'autres planètes, mais il se trouve bien, en pantoufles, devant sa télévision, et il admire les exploits et les aventures des autres. Il se trouve bien aussi dans sa cuisine, car il est terriblement gourmand et même connaisseur.

Son rêve ? Une petite maison bien à lui avec un petit morceau de jardin où il fera pousser des rosiers et des salades, bien sûr, mais d'abord des haies qui le protégeront de ses

voisins. Et si les haies ne poussent pas assez vite, il fera construire des murs pour se sentir tout à fait chez lui:

Mais quand cela sera-t-il possible? Peut-être seulement à soixante-cinq ans, l'âge de la retraite. Il travaille dur et économise onze mois par an pour le douzième mois, ses vacances. Ah! ce mois d'août tant attendu, qu'il vienne vite! Qu'il soit assez plein de journées heu-reuses, de soleil et de couleurs pour faire oublier le gris de toutes les journées de travail du reste de l'année! Qu'il le passe bien tran-quillement à la campagne ou à l'étranger, monsieur François se rend compte chaque année qu'il n'est vraiment bien que chez lui, surtout le dimanche et les jours de fête!

Monsieur et madame Lefèvre
font la grasse matinée.
Monsieur Lefèvre lave sa voiture,
puis il va au jardin.
Il a toujours des fleurs à planter,
des arbres à tailler,
de l'herbe à arracher.
Madame Lefèvre fait le ménage,
va à l'église,
fait la queue chez le pâtissier
pour acheter un gâteau.
Après le déjeuner,
monsieur et madame Lefèvre
se reposent dans leur jardin,
assis au soleil.
Il fait bon, ils ont le temps de ne rien faire.

C'est la belle vie !

Mademoiselle Garnier
fait de chacun de ses dimanches
une journée de repos.
Elle se lève à midi,
écoute la radio,
lit des magazines
et s'occupe de sa beauté :
elle se peigne longuement,
essaie une nouvelle coiffure.
Elle se coupe une robe.
Elle range son petit appartement,
elle se prépare un bon petit dîner.
Elle se couche tôt.
Pas d'horaire fixe,
pas de travail imposé.

C'est la belle vie !

Monsieur et madame Rémuzat
partent le samedi
pour leur maison de campagne.
Ils ont acheté l'année dernière
une maison de paysans en ruine
et ils vont la transformer
en une maison confortable.
Monsieur Rémuzat scie du bois,
plante des clous, pose des carreaux.
Madame Rémuzat
nettoie les meubles,
peint des planches, fait des rideaux,
des coussins, des nappes.
Le dimanche soir,
ils ont mal au dos, aux bras, aux doigts,
mais leur maison se transforme.
Bientôt, ils pourront inviter leurs amis
à pendre la crémaillère.

C'est la belle vie !

Monsieur Chapuis se lève
bien avant le jour.
Il prend son fusil
et il part pour la chasse.
Toute la journée, il marche
à travers champs
et dans la forêt,
son chien sur les talons,
il ne s'arrête que pour pique-niquer.
Il rentre le soir fatigué,
mais heureux de son dimanche,
bien que son sac soit souvent vide.

C'est la belle vie !

<u>Le 6 janvier</u>, c'est la fête des rois. Chez le pâtissier, on achète des galettes qui contiennent un petit objet appelé fève. La plus jeune de la famille, les yeux bandés, donne les parts de galette : « Pour tante Jeanne, pour papa, pour monsieur Despoyes... » 5 Chacun mange en essayant de ne pas avaler la fève. Celui qui la trouve est couronné roi (ou reine), choisit sa reine (ou son roi) et la famille ou les amis lèvent leur verre en disant : « Le roi boit, la reine boit. » 10

<u>Le 2 février</u>, c'est la Chandeleur, fête religieuse et aussi fête gourmande. Ce jour-là, dans toutes les familles on fait des crêpes. Fines, fines et dorées comme des soleils, elles volent, suivies par les regards admiratifs des enfants. Si elles pouvaient leur tomber 15 directement dans la bouche ! Faites sauter des crêpes avec une pièce de monnaie dans la main, et vous serez riche toute l'année...

<u>Le 1ᵉʳ avril</u>, c'est le jour des farces. Tout est permis ou presque ! Les enfants et même les adultes inven- 20 tent des farces.
— Papa, ton directeur a téléphoné. Il voudrait que tu l'appelles.
— Allô, Monsieur le directeur...
— Poisson d'avril ! poisson d'avril !. 25

— Tu as vu, Durand, on va augmenter les impôts de 20 %.
— De 20 % ! Ce n'est pas possible.
— Poisson d'avril ! poisson d'avril !

— Annie, tu as une grosse tache dans le dos de ta 30 robe.
— Oh ! mon Dieu, je ne peux pas aller danser comme ça ; je rentre à la maison.
— Poisson d'avril ! poisson d'avril !

<u>Le 1ᵉʳ mai</u>, c'est la fête du travail et du muguet. Les 35 rues de Paris et même le métro sentent bon, tellement il y a de petits marchands de muguet. On en achète pour soi, on en offre, on en met un brin sur sa veste, sur sa blouse. C'est le printemps, il fait beau, on se promène, on va pique-niquer à la campagne, pêcher, 40 jouer aux boules. Demain, déjà, il faudra reprendre le chemin de l'usine, du bureau, du lycée...

Le 14 juillet, c'est la fête nationale. La veille, dans toutes les villes de France, on tire de beaux feux d'artifice et on danse dans les rues, même à Paris. Le lendemain matin, on applaudit le défilé militaire. Les grandes vacances commencent. 5

La grande fête des vacances dure **du 1ᵉʳ au 31 août.** Malgré les efforts du gouvernement, **presque tous les Français prennent leurs vacances en même temps.** Beaucoup d'usines ferment, une grande quantité de magasins en font autant. 10

Madame et les enfants sont à la mer. Monsieur est retenu en ville par son travail. Chez lui, tout seul, il découvre les plaisirs de la cuisine, du ménage, du lavage, du repassage. Il fait des kilomètres pour trouver une boulangerie ou une blanchisserie ouverte. 15 Mais, ô merveille, il peut garer sa voiture partout, et il apprend les langues étrangères, car sauf les autres malheureux, ses frères, il n'y a plus en ville que des touristes étrangers qui s'étonnent de trouver places et avenues désertes. 20

Pendant ce temps, sur les plages, on se dispute le moindre centimètre carré...

Le 1ᵉʳ novembre, c'est le jour des morts. Dans les cimetières, les tombes sont fleuries de chrysanthèmes. Malgré la tristesse générale, les écoliers sont heureux 25 d'avoir les premiers jours de congé de l'année.

Le 25 novembre, c'est la Sainte-Catherine, une fête bien parisienne. Les jeunes filles qui ont vingt-cinq ans et ne sont pas encore mariées « coiffent la Sainte-Catherine ». Ces catherinettes mettent des fleurs 30 devant la statue de leur sainte qui se trouve dans la rue du même nom. Pour cette journée, elles ont fabriqué de merveilleux bonnets jaune et vert, plus originaux les uns que les autres. Dans les grandes maisons de couture surtout, on danse, on boit du 35 champagne. La catherinette est la reine de la journée.

Le 25 décembre, « tant l'on crie Noël qu'à la fin il vient ». C'est la fête des fêtes, la lumière de l'hiver, le plaisir de tous. Les étoiles, la neige, les sapins, les cadeaux, les cloches composent le tableau. Les enfants 40 nettoient les cheminées, cherchent leurs plus grandes chaussures, Le Père Noël prend la route...

Monsieur François est galant. Il sait parler aux femmes, leur faire des compliments ou leur en écrire, et cela depuis fort longtemps. Au XVIIe siècle, il aurait pu s'appeler monsieur Jourdain et sans doute, demander conseil, comme lui, pour écrire à une dame...

Le Bourgeois gentilhomme,
de Molière

Acte II Scène IV

Monsieur Jourdain : ... Il faut que je vous fasse une confidence. Je suis amoureux [1] d'une personne de grande qualité, [2] et je souhaiterais que vous m'aidassiez [3] à lui écrire quelque chose dans un petit billet que je veux laisser tomber à ses pieds.   5
Maître de Philosophie : Fort bien.
Monsieur Jourdain : Cela sera galant, oui.
Maître de Philosophie : Sans doute. Sont-ce [4] des vers que vous voulez écrire ?
Monsieur Jourdain : Non, non, point de vers.   10
Maître de Philosophie : Vous ne voulez que de la prose ?
Monsieur Jourdain : Non, je ne veux ni prose ni vers.
Maître de Philosophie : Il faut bien que ce soit l'un ou l'autre.
Monsieur Jourdain : Pourquoi ?   15
Maître de Philosophie : Par la raison, Monsieur, qu'il n'y a pour s'exprimer que la prose ou les vers.
Monsieur Jourdain : Il n'y a que la prose ou les vers ?
Maître de Philosophie : Non, Monsieur : tout ce qui n'est point prose est vers; et tout ce qui n'est point 20 vers est prose.
Monsieur Jourdain : Et comme l'on parle, qu'est-ce que c'est donc que cela ?
Maître de Philosophie : De la prose.

Monsieur Jourdain : Quoi ? Quand je dis : « Nicole, apportez-moi mes pantoufles et me donnez [5] mon bonnet de nuit », c'est de la prose ?

Maître de Philosophie : Oui, Monsieur.

Monsieur Jourdain : Par ma foi ! il y a plus de quarante ans que je dis de la prose sans que j'en susse rien, [6] et je vous suis le plus obligé du monde de m'avoir appris cela. Je voudrais donc lui mettre dans un billet : Belle marquise, vos beaux yeux me font mourir d'amour; mais je voudrais que cela fût mis [7] d'une manière galante, que cela fût tourné [8] gentiment.

Maître de Philosophie : Mettre que les feux de ses yeux réduisent votre cœur en cendres; que vous souffrez nuit et jour pour elle les violences d'un...

Monsieur Jourdain : Non, non, non, je ne veux point tout cela; je ne veux que ce que je vous ai dit : Belle marquise, vos beaux yeux me font mourir d'amour.

Maître de Philosophie : Il faut bien étendre un peu la chose.

Monsieur Jourdain : Non, vous dis-je, je ne veux que ces seules paroles-là dans le billet; mais tournées à la mode, bien arrangées comme il faut. Je vous prie de me dire un peu, pour voir, les diverses manières dont on peut les mettre ?

Maître de Philosophie : On les peut mettre premièrement comme vous avez dit : Belle marquise, vos beaux yeux me font mourir d'amour. Ou bien : D'amour mourir me font, belle marquise, vos beaux yeux. Ou bien : Vos yeux beaux d'amour me font, belle marquise, mourir. Ou bien : Mourir vos beaux yeux, belle marquise, d'amour me font. Ou bien : Me font vos beaux yeux mourir, belle marquise, d'amour.

Monsieur Jourdain : Mais de toutes ces façons-là, laquelle est la meilleure ?

Maître de Philosophie : Celle que vous avez dite : Belle marquise, vos beaux yeux me font mourir d'amour.

Monsieur Jourdain : Cependant, je n'ai point étudié, et j'ai fait cela tout du premier coup. Je vous remercie de tout mon cœur, et vous prie de venir demain matin de bonne heure.

---

1 Je suis amoureux de : j'aime. 2 De grande qualité : noble.
3 Je souhaiterais que vous m'aidiez. 4 Est-ce que ce sont des vers ?
5 Donnez-moi. 6 Sans que j'en sache rien : sans en rien savoir.
7 Je voudrais que cela soit mis. 8 Que cela soit mis gentiment.

Dans l'intimité, monsieur François utilise des noms de légumes et d'animaux domestiques pour montrer sa tendresse. « Mon chou, mon petit lapin, mon poulet, mon minet ».

Il fait aussi souvent appel à des animaux pour parler de ses amis ou de ses ennemis. Il dit, comme tous les Français :

Bête comme une oie.

Gai comme un pinson.

Têtu comme un âne.

Malin comme un singe.

Muet comme une carpe.

Doux comme un agneau.

Monsieur François est ingénieux

Monsieur François possède une qualité qu'il place très haut : il sait se débrouiller dans toutes les circonstances de la vie. Pour lui, il n'y a pas de problème sans solution ; la difficulté le stimule au lieu de le décourager et comme il est ingénieux, il trouve toujours une solution à tout.

M. Raynaud : Alors, qu'est-ce que tu as fait dimanche ?
M. François : Je suis allé voir le match de rugby.
M. Raynaud : Mais je croyais que tu n'avais pas de place.
M. François : Non, mais je me suis débrouillé.
M. Raynaud : Vraiment ? Comment as-tu fait ?
M. François : Tu connais Martin ?
M. Raynaud : Oui, et alors ?
M. François : Il a un ami qui connaît un des joueurs
de l'équipe de France.
M. Raynaud : Et tu lui as téléphoné ?
M. François : Oui, et il m'a fait entrer.
M. Raynaud : Ça, c'est formidable !
M. François : Je me suis même retrouvé au premier rang.
M. Raynaud : Pas possible !
M. François : Et puis, j'ai dîné avec les joueurs.
M. Raynaud : Ça alors. Tu te débrouilles drôlement bien !

Monsieur François sait se débrouiller, car il utilise toujours son intelligence et son imagination. Mais il ne se contente pas d'avoir ou de donner des idées, il sait aussi les réaliser. Madame François est heureuse d'avoir un mari adroit. Aussi, leur appartement ne ressemble à aucun autre.

Monsieur François a eu, comme tout le monde, beau-coup de difficultés à trouver un logement. Bien sûr, il en existe de tout neufs, confortables, modernes, parfaits, mais ils sont trop chers pour lui. Et puis, monsieur François n'aime pas les maisons modernes [5] qui ressemblent à des cages. Il a cherché longtemps, et il a fini par trouver, au centre de la ville, à deux pas de la cathédrale, quatre toutes petites pièces au dernier étage d'une maison ancienne. Ses amis ont pensé qu'il était fou. C'était minuscule. Il n'y avait [10] ni l'électricité ni le gaz, aucun moyen de chauffage. Mais monsieur François leur a montré la très belle vue sur les toits de la ville, sur la cathédrale et sur la rivière. Cela valait bien tous les conforts du monde. De plus, on n'est jamais si bien installé [15] que par soi-même.

*Monsieur François
adore les problèmes difficiles
et il leur trouve toujours une solution.*

Après des semaines de travail, la minuscule cuisine s'est merveilleusement transformée. Tout y est maintenant parfaitement et même joliment rangé. Dans le salon, le 5 lit s'ouvre en deux pour se transformer en divans confortables, la table se relève contre le mur et devient un tableau abstrait, les chaises se mettent l'une sur l'autre. 10 De ces quatre petites pièces inhabitables, monsieur François a fait un appartement agréable que tout ses amis admirent. On le félicite. Lui, il regrette presque que tout 15 soit déjà terminé. C'est si amusant de se débrouiller !

Monsieur François se débrouille si bien qu'il refuse de penser aux problèmes à l'avance. Il préfère 20 improviser à la toute dernière minute. L'organisation, ce n'est pas pour lui. Il travaille, il crée dans la fièvre, dans le désordre, dans l'agitation. Il ne reste que quel- 25 ques jours, quelques heures, quelques instants avant l'arrivée des visiteurs, avant que le rideau se lève... Il faudrait un petit miracle pour que tout aille bien ! Et le 30 miracle a lieu. Monsieur François et ses amis, morts de fatigue mais heureux, attendent les bravos et les félicitations. Leur façon de faire est-elle enfantine, roman- 35 tique, dangereuse ? Qui pourrait le dire ? On peut condamner ou admirer, applaudir ou attendre l'accident. Qu'importe ! Monsieur François est ainsi et, 40 avec lui, des millions de Français moyens.

—Monsieur François, le Français moyen ? dit monsieur Durand. Non, le Français moyen, c'est moi. Regardez-moi, je ne suis pas très grand, pas très mince non plus, mais je ne suis pas trop gros, n'est-ce pas ? A peine un petit début de ventre. C'est la faute ⁵ de ma femme qui fait trop bien la cuisine ! Comment résister à ses potages, à ses sauces, à ses gâteaux ? Vous voyez, je suis bien le Français moyen, puisque je vous parle tout de suite de ma gourmandise ! Pourtant, j'avais l'intention de vous faire de moi un ¹⁰ portrait bien ordonné. Donc, je reprends.
Je ne suis ni très grand ni très mince, mais j'ai ce qu'on appelle chez nous «une bonne tête» c'est-à-dire une tête sympathique. C'est à moi que les gens demandent leur chemin dans la rue, à moi que les mères ¹⁵ laissent leurs enfants : «Deux minutes seulement, Monsieur, le temps de faire une petite course ; vous voulez bien ?» Je ne peux pas refuser, bien sûr. Il faut bien être gentil avec les gens.

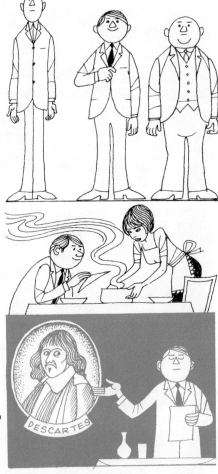

—Vous n'êtes pas du tout le Français moyen, dit ²⁰ monsieur Dupont, vous n'êtes même pas capable de faire de vous-même un portrait clair et bien présenté. Nous autres, vrais Français, nous aimons par-dessus tout bien organiser nos paroles, nos discours et nos écrits. Depuis Descartes nous savons qu'il est impor- ²⁵ tant de savoir bien raisonner et d'ordonner nos arguments. Dès l'école primaire, on nous apprend à parler et à écrire, en suivant un plan préparé à l'avance : introduction, première partie, deuxième partie, troisième partie, conclusion ! Tout est en trois parties, ³⁰ comme notre drapeau. Aussi, pour être clair, je dirai :

C'est bien moi le Français moyen parce que :
1. J'essaie d'être clair et logique quand je parle et quand j'écris ;
2. Je tiens par-dessus tout à la liberté individuelle ; ³⁵
3. Je refuse de ressembler au voisin.

Qui dit mieux ?

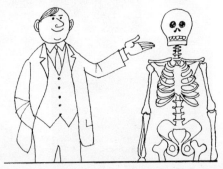

—Moi, Monsieur, moi ! répond monsieur Dubois, c'est un squelette de Français moyen que vous nous donnez là ! Quant à votre logique, je ne sais pas trop ce qu'il faut en penser. Prenez, par exemple, la troisième ⁴⁰ partie de votre discours : si cinquante millions de

Français refusent de ressembler à leur voisin, c'est qu'ils se ressemblent tous ! Heureusement c'est faux ! Pour moi, le Français moyen c'est d'abord un homme qui aime parler. La preuve, c'est que nous sommes là, tous les trois, à discuter de quelqu'un qui n'existe 5 pas, et que nous allons passer des heures à essayer de lui donner une réalité. Je ne dis pas que nous sommes bavards, oh ! non. Mais seulement que nous apprécions les bons orateurs, qu'ils soient avocats, ministres ou curés, que nous tenons à notre langue au 10 point d'avoir des inquiétudes sur sa grammaire longtemps après avoir quitté l'école, et que nous défendons toujours à nos enfants de parler aussi mal que nous ! Car, bien sûr, nous prenons des libertés avec notre langue, mais nous n'aimons pas que les 15 autres le fassent. Attention, les étrangers ! Nous sommes sans indulgence pour les fautes de prononciation et de grammaire, et nous exigeons de vous une perfection que nous n'atteignons pas nousmêmes ! La raison : c'est que nous sommes très fiers 20 de notre pays ! Vous ne le devinerez pas tout de suite, car nous adorons critiquer.

Il n'y a presque rien de sacré pour un Français et nous nous moquons de tout et de tous. Même en cherchant bien, vous ne trouverez pas 25 un Français qui soit complètement satisfait de son gouvernement (et du gouvernement précédent qui ne valait pas mieux), de son patron, de son travail, de son appartement, de ses enfants...

Mais ne croyez pas que le Français acceptera les 30 critiques que vous, étrangers, croirez avoir le droit de faire, parce que vous aurez entendu les siennes. Ce droit, lui seul le possède et il vous est tout juste permis... d'admirer. Bien entendu, il a sa « petite idée » sur la façon de résoudre les 35 problèmes. On n'a qu'à la lui demander ! Naïf et orgueilleux, éloquent et sceptique et même méfiant, c'est lui le Français.

—C'est peut-être le Français moyen, dit madame Dumont qui passait par là, mais pas la Française 40 moyenne, et pourtant, elle doit exister, elle aussi ! Savez-vous qu'à partir de soixante-quatre ans, le Français moyen est... une Française ? Il faudrait peut-être parler un peu d'elle aussi, n'est-pas, Messieurs ?

poèmes et chansons

1 La nouvelle année

Nouvelle année, qu'as-tu dans ta besace ?
Douze garçons, tous forts et courageux.
Douze garçons pour vous servir, Madame,
Douze garçons pour vous servir, Monsieur.
Les trois premiers sont souvent en colère,
Les trois suivants savent rire et chanter.
Les trois suivants remplissent vos corbeilles,
Monsieur, Madame, et même vos greniers.
Les trois derniers font ce qu'ils ont à faire,
Tout en pleurant, ils enterrent leur mère.
Ne pleurez plus, holà ! mes douze mois,
Morte l'Année, l'Année vit, me voilà !

Louisa Paulin.

Poèmes
Éditions de la revue du Tarn

2 Les quatre éléments

L'air c'est rafraîchissant
le feu c'est dévorant
la terre c'est tournant
l'eau - c'est tout différent.

L'air c'est toujours du vent
le feu c'est toujours bougeant
la terre c'est toujours virant
l'eau - c'est tout différent.

L'air c'est toujours changeant
le feu c'est toujours mangeant
la terre c'est toujours germant
l'eau - c'est tout différent.

Et combien davantage encore ces drôles d'hommes
espèces de vivants
qui ne se croient jamais dans leur vrai élément.

Claude Roy.

Un seul poème
Éditions Gallimard

3 Il faut passer le temps

Il faut passer le temps
C'est tout un travail
Il faut passer le temps
C'est un travail de titan
Ah !
Du matin au soir
Je ne faisais rien
Rien
Ah ! quelle drôle de chose
Du matin au soir
Du soir au matin
Je faisais la même chose
Rien !
Je ne faisais rien
J'avais les moyens
Ah ! quelle triste histoire
J'aurais pu tout avoir
Oui
Ce que j'aurais voulu
Si je l'avais voulu
Je l'aurais eu
Mais je n'avais envie de rien
Rien.

Jacques Prévert.

Histoires
Éditions Gallimard

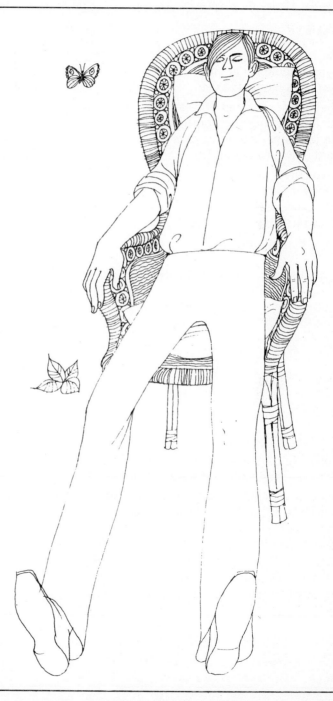

4 Air vif

J'ai regardé devant moi
Dans la foule je t'ai vue
Parmi les blés je t'ai vue

Au bout de tous mes voyages
Au fond de tous mes tourments
Au tournant de tous les rires
Sortant de l'eau et du feu

L'été l'hiver je t'ai vue
Dans ma maison je t'ai vue
Entre mes bras je t'ai vue
Dans mes rêves je t'ai vue

Je ne te quitterai plus.

Paul Éluard.

Phénix
Éditions Seghers

5 Nuit africaine

Voici que décline la lune lasse vers son lit de mer étale
Voici que s'assoupissent les éclats de rire, que les conteurs eux-mêmes.

Dodelinent de la tête comme l'enfant sur le dos de sa mère
Voici que les pieds des danseurs s'alourdissent, que s'alourdit la langue
des chœurs alternés.

C'est l'heure des étoiles et de la nuit qui songe
S'accoude à cette colline de nuages, drapée dans son long pagne de lait.
Les toits des cases luisent tendrement. Que disent-ils, si confidentiels, aux étoiles ?
Dedans le foyer s'éteint dans l'intimité d'odeurs âcres et douces.

Léopold Sédar Senghor.

Nuit de Siné
Chants d'ombre
Éditions du Seuil

6 Tableaux parisiens

...Les deux mains au menton, du haut de ma mansarde,
Je verrai l'atelier qui chante et qui bavarde;
Les tuyaux, les clochers, ces mâts de la cité,
Et les grands ciels qui font rêver d'éternité.

Il est doux, à travers les brumes, de voir naître
L'étoile dans l'azur, la lampe à la fenêtre,
Les fleuves de charbon monter au firmament
Et la lune verser son pâle enchantement.

Charles Baudelaire.

Tableaux parisiens
Éditions Gallimard

7 Les préfixes
(accent méridional)

A mesure que je vois
j'oublie j'oublie
j'oublie tout ce que je vois.
A mesure que je pense
je dépense je dépense !
A mesure que je vis
je dévie je dévie !
Mais à mesure que je meurs
je demeure je demeure.

Jean Tardieu.

Choix de poèmes
Éditions Gallimard

8 Le vent a fait le tour du monde

Le vent a fait le tour du monde, a cueilli toutes
les fleurs de Chine, des roses, des mauves, des blondes,
des grises. Le jour, la nuit, voici le vent pour tout le
monde.
Le vent a fait le tour du monde, a cueilli toutes
les feuilles en France, des brunes, des vertes, des
bleues, des blanches. La nuit, le jour, voici le vent
pour tout le monde.
Le vent a fait le tour du monde, a cueilli tous les
fruits d'ici, des jaunes, des rouges, des noirs aussi.
Ni jour, ni nuit, et c'est l'orage pour ceux d'ici.

Paul Fort.
Ronde - 3
Librairie Ernest Flammarion

9 Art poétique

Guillevic.
Je ne parle pas pour moi,
Je ne parle pas en mon nom,
Ce n'est pas de moi qu'il s'agit.

Je ne suis rien
Qu'un peu de vie, beaucoup d'orgueil.

Je parle pour tout ce qui est,
Au nom de tout ce qui a forme et pas de forme.
Il s'agit de tout ce qui pèse,
De tout ce qui n'a pas de poids.

Je sais que tout a volonté, autour de moi,
D'aller plus loin, de vivre plus,
De mieux mourir aussi longtemps
Qu'il faut mourir.

Ne croyez pas entendre en vous
Les mots, la voix de Guillevic.

C'est la voix du présent allant vers l'avenir
Qui vient de lui sous votre peau.

Guillevic.
Gagner
Éditions Gallimard

10 Bonne justice

C'est la chaude loi des hommes
Du raisin ils font du vin
Du charbon ils font du feu
Des baisers ils font des hommes.

C'est la dure loi des hommes
Se garder intacts malgré
Les guerres et la misère
Malgré les dangers de mort.

C'est la douce loi des hommes
De changer l'eau en lumière
Le rêve en réalité
Et les ennemis en frères.

Une loi vieille et nouvelle
Qui va se perfectionnant
Du fond du chœur de l'enfant
Jusqu'à la raison suprême.

Paul Éluard.

Pouvoir tout dire
Éditions Gallimard

poèmes et chansons

1 Quand la feuille était verte

1
Quand la feuille était verte,
Tra la la la la,
Quand la feuille était verte,
J'avais trois amoureux.

2
Maintenant qu'elle est sèche,
Tra la la la la la,
Maintenant qu'elle est sèche,
Je n'en ai plus que deux.

3
Mon père me demande...
Lequel je veux des deux.

4
Je ne veux pas d'Antoine...
Il est trop glorieux.

5
Je veux mon ami Pierre...
Mon premier amoureux.

6
Il me mène à la danse...
et au bal quand je veux.

7
Au sortir de la danse...
Nous nous disions tous deux.

8
Marions-nous ensemble...
Nous ferons deux heureux.

Chanson populaire

2 Tra la la
(Canon)

Entendez-vous sur l'ormeau,
Chanter le petit oiseau ? Tra la la la la la
la la la la la Tra la la Tra la la.

Roland
Éditions de la Schola Cantorum
et de la Procure de Musique

3 Derrière chez mon père

1
Derrièr'chez mon père,
Vole, vole mon cœur,
Derrièr'chez mon père,
Il y a un pommier doux.

2
Trois filles de prince,
Vole, vole mon cœur,
Trois filles de prince
Sont assises dessous.

3
Çà, dit la première,
Vole...
Çà dit la première,
Je crois qu'il fait jour.

4
Çà, dit la seconde,
Vole...
Çà, dit la seconde,
J'entends le tambour.

5
Ah ! dit la troisième,
Vole...
Ah ! dit la troisième,
C'est mon ami doux.

6
S'en va à la guerre,
Vole...
S'en va à la guerre,
Combattre pour nous.

7
S'il gagne bataille,
Vole...
S'il gagne bataille,
Il aura mes amours.

8
Qu'il perde ou qu'il gagne,
Vole...
Qu'il perde ou qu'il gagne,
Il aura mes amours.

Chanson populaire
Adaptation de Serge Kerval

4 La jambe me fait mal
(*Noël de Provence*)

1

Beaucoup de gens vont en pélerinage,
Beaucoup de gens s'en vont à Bethléem.
Je veux y aller, j'ai assez de courage,
Je veux y aller si je peux bien marcher.

Refrain

La jambe me fait mal,
Boute selle, boute selle,
La jambe me fait mal,
Boute selle à mon cheval.

2

Tous les bergers étant sur la montagne,
Tous les bergers ont vu un messager,
Qui leur dit : «Mettez-vous en campagne»
Qui leur dit : «Noël est arrivé».

(*au refrain*)

3

J'ai un cheval qui vole sur la terre,
J'ai un cheval qui mange le chemin.
L'ai acheté, d'un ancien de la guerre,
L'ai acheté, je peux me mettre en train.

(*au refrain*)

5 Voici la Saint-Jean

1
Voici la Saint-Jean, la grande journée. *(bis par le chœur)*
Où les amoureux vont à l'assemblée.
Marchons, joli cœur, la lune est levée. *(bis par le chœur)*

2
Où les amoureux vont à l'assemblée. *(bis par le chœur)*
Le mien n'y est pas, j'en suis assurée.
Marchons, joli cœur, la lune est levée. *(bis par le chœur)*

3
Le mien n'y est pas, j'en suis assurée. *(bis par le chœur)*
Il est à Paris, chercher ma livrée.
Marchons...

4
Il est à Paris, chercher ma livrée, *(bis par le chœur)*.
Qu'apportera-t-il à sa bien-aimée ?
Marchons...

5
Qu'apportera-t-il à sa bien-aimée ? *(bis par le chœur)*
Il m'apportera ceinture dorée.
Marchons...

6
Il m'apportera ceinture dorée, *(bis par le chœur)*
Alliance d'or et sa foi jurée.
Marchons...

7
Alliance d'or et sa foi jurée *(bis par le chœur)*
Et puis le bouquet de la fiancée.
Marchons...

Chant populaire du Jura
recueilli par H. Grospierre : Roland
Éditions de la Schola Cantorum
et de la Procure de Musique

6 Automne

1

Colchiques dans les prés fleurissent, fleurissent,
Colchiques dans les prés, c'est la fin de l'été.
La feuille d'automne,
Emportée par le vent,
En ronde monotone
Tombe en tourbillonnant.

2

Châtaignes dans les bois se fendent, se fendent,
Châtaignes dans les bois se fendent sous les pas.
La feuille d'automne...

3

Nuages dans le ciel s'étirent, s'étirent,
Nuages dans le ciel s'étirent comme une aile.
La feuille d'automne...

4

Et ce chant dans mon cœur murmure, murmure,
Et ce chant dans mon cœur appelle le bonheur.
La feuille d'automne...

Paroles de J. Claude
Chanson recueillie par F. Cockenpot
Vents du Nord
Éditions du Seuil

7 C'est à Lauterbach

C'est à Lauterbach où l'on danse, où l'on danse
Que j'ai perdu l'un de mes bas.
Et voilà pourquoi
J'ai perdu la cadence, la cadence de mazurka.
Tra la la la la la la la la la la la.
Tra la la la la la la la la la la la la la.

2   ...Mon beau ruban...

3   ...Mon jeune cœur...

8 Ouvrez, ouvrez la porte

1

Ouvrez, ouvrez la porte, Nanette la jolie !
J'ai un beau bouquet à vous présenter.
Ouvrez votre porte et laissez-moi entrer.
Ma mère est dans sa chambre, mon père est en colère !
Et moi qui suis fille d'un si haut prix
J'ouvre pas ma porte au milieu de la nuit.

2

Ouvrez, ouvrez la porte, Nanette la jolie !
J'ai un beau corsage à vous présenter.
Ouvrez votre porte et laissez-moi entrer.
Ma mère est dans sa chambre...

3

Ouvrez, ouvrez la porte, Nanette la jolie !
J'ai un beau jupon à vous présenter.
Ouvrez votre porte et laissez-moi entrer.
Ma mère est dans sa chambre...

4

Ouvrez, ouvrez la porte, Nanette la jolie !
J'ai un anneau d'or à vous présenter.
Ouvrez votre porte et laissez-moi entrer.
Ma mère va descendre, je vois sourire mon père,
Et moi qui suis fille d'un si haut prix
J'ouvre ben ma porte, entrez mes bons amis.

9 Maudit sois-tu, carillonneur
(Canon)

Maudit sois-tu, carillonneur,
Que Dieu créa pour mon malheur !
Dès le point du jour à la cloche il s'accroche
Et le soir encor carillonne plus fort.
Quand sonnera-t-on la mort du sonneur ?

10 Le premier jour de Mai

1

Le premier jour de mai,
Que donn'rai-je à ma mie ? *bis*
Un' perdriole.
Une perdriole,
Qui va, qui vient, qui vole,
Une perdriole,
Qui vole dans ces bois.

2

Le deuxièm' jour de mai,
Que donn'rai-je à ma mie ? *bis*
Deux tourterelles,
Un' perdriole.
Une perdriole...

3

Le troisièm' jour de mai,
Que donn'rai-je à ma mie ? *bis*
Trois ramiers aux bois,
Deux tourterelles
Un' perdriole.
Une perdriole...

4

Le quatrièm' jour de mai,
Que donn'rai-je à ma mie ? *bis*
Quat' canards en l'aire,
Trois ramiers aux bois,
Deux tourterelles,
Un' perdriole.
Une perdriole...

5

Le cinquièm' jour de mai,
Que donn'rai-je à ma mie ? *bis*
Cinq lapins en terre,
Quat' canards en l'aire,...
Une perdriole...

6

Le sixièm' jour de mai,
Que donn'rai-je à ma mie ? *bis*
Six chiens courants,
Cinq lapins en terre...
Une perdriole...

7

Le septièm' jour de mai,
Que donn'rai-je à ma mie ? *bis*
Sept vach' à lait,
Six chiens courants...
Une perdriole...

8

Le huitièm' jour de mai,
Que donn'rai-je à ma mie ? *bis*
Huit moutons tondus,
Sept vach' à lait...
Une perdriole...

9

Le neuvièm' jour de mai
Que donn'rai-je à ma mie ? *bis*
Neuf bœufs cornus,
Huit moutons tondus...
Une perdriole...

10

Le dixièm' jour de mai
Que donn'rai-je à ma mie ? *bis*
Dix veaux bien gras,
Neuf bœufs cornus...
Une perdriole...

1/ TEMPS SIMPLES

Verbes comme chanter :

infinitif	personnes	radical	indicatif présent	subjonctif présent	indicatif imparfait	impératif	participes présent	passé
chanter	je tu il / elle	CHANT-	e es e	e es e	ais ais ait	e	ant	é
	nous vous		ons ez	ions iez	ions iez	ons ez		
	ils / elles		ent	ent	aient			

Verbes autres que chanter à 1, 2 ou 3 radicaux :

infinitifs	personnes	radicaux ⓵ ⓶ ⓷	indicatif présent	indicatif imparfait	subjonctif présent	impératif	participes
répondre 1 radical	je tu il / elle	FINI- BOI- RÉPOND-	s s t	ais ais ait	e es e	s	part. passé : répond-u fin-i b-u
finir 2 radicaux	nous vous	BUV- FINISS-	ons ez	ions iez	ions iez	ons ez	part. présent ant
boire 3 radicaux	ils / elles	BOIV-	ent	aient	ent		

Indicatif futur et conditionnel présent :

infinitif = radical	personnes	indicatif futur	conditionnel présent
chanter **finir** **répondr(e)** **boir(e)**	j' / je tu il / elle nous vous ils / elles	ai as a ons ez ont	ais ais ait ions iez aient

▶ attention

les terminaisons du conditionnel sont les mêmes que celles de l'imparfait de l'indicatif

2/ TEMPS COMPOSÉS

auxiliaire	**être**	+ participe passé accord avec sujet		**avoir**	+ participe passé accord avec objet placé avant participe passé
		14 verbes + composés	**tous les verbes pronominaux**		**tous les autres verbes**
passé composé	je suis	allé venu monté • descendu • entré sorti • arrivé	je me suis	levé réveillé	j'ai	chanté fini mis
plus-que-parfait	j'étais	parti tombé resté passé • devenu né mort	je m'étais	servi souvenu	j'avais	fait bu

attention : •monter, descendre, sortir, passer, prennent l'auxiliaire **avoir** quand ils sont suivis d'un objet direct.
Exemples : Elle a descendu l'escalier. Il a passé son temps à ne rien faire. Tu as monté les valises au premier étage.

Avant-dernière syllabe de l'infinitif en e	Verbes qui ont un e dans l'avant-dernière syllabe de l'infinitif.
	Exemples : 1/ acheter, mener, emmener, se promener, se lever, élever 2/ appeler, se rappeler, jeter

	verbes comme **acheter**	verbes comme **appeler**

indicatif présent	j'ach**è**te
	tu ach**è**tes
	il *ou*
	elle ach**è**te
	       nous ach**e**tons
	       vous ach**e**tez
	ils *ou*
	elles ach**è**tent
		j'app**elle**
		tu app**elle**s
		il *ou*
		elle app**elle**
		       nous app**e**lons
		       vous app**e**lez
		ils *ou*
		elles app**ell**ent

indicatif futur	j'ach**è**terai	j'app**elle**rai
conditionnel	j'ach**è**terais	j'app**elle**rais

Avant-dernière syllabe de l'infinitif en e	Verbes qui ont un e dans l'avant-dernière syllabe de l'infinitif.
	Exemples : espérer, préférer, accélérer, considérer, s'inquiéter, protéger, suggérer

indicatif présent	j'esp**è**re tu esp**è**res il *ou* elle esp**è**re ils *ou* elles esp**è**rent	nous esp**é**rons vous esp**é**rez
indicatif futur		j'esp**é**rerai
conditionnel		j'esp**é**rerais

Infinitif en **-yer**	Verbes qui ont un infinitif se terminant en **-yer**		
	Exemples : tutoyer, appuyer, essayer, payer, s'ennuyer, nettoyer, envoyer (au futur : j'enverrai)		

		devant **e muet**	devant **son de voyelle**
	indicatif présent	j'essaie tu essaies il *ou* elle essaie ils *ou* elles essaient	nous essayons vous essayez
	indicatif futur	je paierai	
	conditionnel	je m'ennuierais	

Infinitifs en **-cer** en **-ger**	Verbes qui ont un infinitif se terminant en: 1/ **-cer**; 2/ **-ger**	
	Exemples : 1/ commencer, avancer, annoncer, placer, forcer, prononcer 2/ manger, changer, nager, neiger, protéger, ranger, arranger, déranger	

devant **e** et **i**	devant **a** et **o**
je place nous avancions	je plaçais nous avançons
tu changes nous nagions	tu changeais nous nageons

verbes irréguliers

infinitif	personnes	indicatif			subjonctif	impératif	participes	
		futur	présent	imparfait	présent		présent	passé
aller • les verbes suivis de • font leurs temps composés avec **être**	j' / je tu il / elle nous vous ils / elles	**irai**	**vais** **vas** **va** allons allez **vont**	allais	**aille** **ailles** **aille** allions alliez **aillent**	va allons allez	allant	allé
avoir	j' tu il / elle nous vous ils / elles	**aurai**	**ai** **as** **a** **avons** **avez** **ont**	avais	**aie** **aies** **ait** **ayons** **ayez** **aient**	**aie** **ayons** **ayez**	**ayant**	**eu**
s'asseoir •	je tu il / elle nous vous ils / elles	**m'assiérai**	**m'assieds** **t'assieds** **s'assied** **nous asseyons** **vous asseyez** **s'asseyent**	m'asseyais	m'asseye.	assieds-toi asseyons- nous asseyez- vous	s'asseyant	**assis**
battre	je nous vous	battrai	**bats** **battons**	battais	batte	bats battons battez	battant	battu
boire	je nous ils / elles	boirai	**bois** **buvons** **boivent**	buvais	**boive**	bois buvons buvez	buvant	**bu**
conduire	je nous	conduirai	**conduis** **conduisons**	conduisais	conduise	conduis	conduisant	conduit
connaître apparaître paraître reconnaître	je nous vous	connaîtrai	**connais** **connaissons**	connaissais	connaisse	connais connaissons connaissez	connaissant	**connu**
courir	je	**courrai**	**cours**	courais	coure	cours	courant	couru
craindre se plaindre • peindre éteindre	je nous vous	craindrai	**crains** **craignons**	craignais	craigne	crains craignons craignez	craignant	**craint**

infinitif	personnes	indicatif			subjonctif	impératif	participes	
		futur	présent	imparfait	présent		présent	passé
croire	je nous ils / elles	croirai	**crois** **croyons** **croient**	croyais	croie	crois croyons croyez	croyant	**cru**
cueillir	je	**cueillerai**	cueille	cueillais	cueille	cueille	cueillant	cueilli
devoir recevoir	je nous ils / elles	**devrai**	**dois** **devons** **doivent**	devais	doive		devant	**dû**
dire	je tu il nous vous ils / elles	dirai	**dis** **dis** **dit** **disons** **dites** **disent**	disais	dise	dis disons dites	disant	**dit**
écrire	j' nous vous	écrirai	**écris** **écrivons**	écrivais	écrive	écrit écrivons écrivez	écrivant	**écrit**
envoyer	j' nous vous	**enverrai**	**envoie** **envoyons**	envoyais	envoie	envoie envoyons envoyez	envoyant	envoyé
être	je tu il / elle nous vous ils / elles	**serai**	**suis** **es** **est** **sommes** **êtes** **sont**	**étais**	**sois** **sois** **soit** **soyons** **soyez** **soient**	sois soyons soyez	étant	**été**
faire	je tu il / elle nous vous ils / elles	**ferai**	**fais** **fais** **fait** **faisons** **faites** **font**	faisait	**fasse**	fais faisons faites	faisant	**fait**
falloir valoir	il	**faudra**	**faut**	**fallait**	**faille**			**fallu**
mettre permettre promettre	je nous vous	mettrai	**mets** mettons	mettais	mette	mets mettons mettez	mettant	**mis**

verbes irréguliers

infinitif	personnes	indicatif		imparfait	subjonctif	impératif	participes	
		futur	présent		présent		présent	passé
mourir •	je nous ils / elles	**mourrai**	**meurs** **mourons** **meurent**	mourais	meure	meurs mourons mourez	mourant	**mort**
naître •	je nous	naîtrai	**nais** **naissons**	naissais	naisse		naissant	**né**
ouvrir couvrir découvrir offrir	j'	ouvrirai	ouvre	ouvrais	ouvre	ouvre ouvrons ouvrez	ouvrant	**ouvert**
partir • sentir sortir • dormir	je nous vous	partirai	**pars** **partons**	partais	parte	pars partons partez	partant	parti
plaire	je nous	plairai	**plais** **plaisons**	plaisais	plaise	plais	plaisant	**plu**
pleuvoir	il	**pleuvra**	**pleut**	**pleuvait**	pleuve		pleuvant	**plu**
pouvoir	je tu il / elle nous vous ils / elles	**pourrai**	**peux** **peux** **peut** **pouvons** **pouvez** **peuvent**	pouvais	**puisse**		pouvant	**pu**
prendre reprendre apprendre comprendre	je nous ils / elles	prendrai	**prends** **prenons** **prennent**	prenais	**prenne** prenions **prennent**	prends prenons prenez	prenant	**pris**
savoir	je tu il / elle nous vous ils / elles	**saurai**	**sais** **sais** **sait** **savons** **savez** **savent**	savais savions saviez	**sache**	sache sachons sachez	sachant	**su**

infinitif	personnes	indicatif			subjonctif	impératif	participes	
		futur	présent	imparfait	présent		présent	passé
suivre	je	suivrai	**suis**	suivais	suive	suis	suivant	suivi
	nous		suivons			suivons		
	vous					suivez		
valoir	je	**vaudrai**	**vaux**	valais	**vaille**			
	tu		**vaux**		**vailles**			
	il / elle		**vaut**		**vaille**			
	nous		**valons**		valions		valant	valu
	vous		**valez**		valiez			
	ils / elles		**valent**		**vaillent**			
venir •	je	**viendrai**	**viens**	venais	**vienne**			
devenir •	tu		**viens**		**viennes**	viens		
revenir •	il / elle		**vient**		**vienne**			
tenir	nous		**venons**		venions	venons	venant	venu
obtenir	vous		**venez**		veniez	venez		
	ils / elles		**viennent**		**viennent**			
vivre	je	vivrai	**vis**	vivais	vive	vis	vivant	**vécu**
	nous		vivons			vivons		
	vous					vivez		
voir	je	**verrai**	vois	voyais	voie	vois	voyant	**vu**
	nous		**voyons**		voyions	voyons		
	ils / elles		voient		voient	voyez		
vouloir	je	**voudrai**	**veux**	voulais	**veuille**			
	tu		**veux**		**veuilles**			
	il / elle		**veut**		**veuille**			
	nous		voulons		voulions		voulant	voulu
	vous		voulez		vouliez			
	ils / elles		**veulent**		**veuillent**			

liste des mots

Cette liste groupe les mots des dossiers 1 à 18 avec l'indication du numéro et de la partie du dossier où ils apparaissent pour la première fois. Un point précède les mots du niveau 1. Le vocabulaire des dossiers spéciaux 9 et 18, celui des pages de Prononciation, Orthographe, Exercices et Grammaire est en couleur.

Exemples : 1 D = Niveau 2, dossier 1, Dialogue.
 ˙4 P = Niveau 1, dossier 4, Prononciation.

On utilise les abréviations suivantes :

Niveau 1

- D = **Dialogue**
- P = **Prononciation**
- E = **Exercices**
- V = **Variations**
- T = **Textes**
- S = **Structures**

Niveau 2

D   = **Dialogue**
V   = **Variations**
OP = **Orthographe et Prononciation**
G   = **Grammaire**
E   = **Exercices**
SIT = **Situations**
T   = **Textes**

A

à	• 2 D
abandonner	15 T
abord : d'abord	6 SIT
aborder	16 T
absent	14 T
absolument pas	12 G
abstrait	18
abuser	17 V
accélérer	3 V
accent *m*	• 2 P
accentuer	14 V
accepter	10 T
accident *m*	•16 T
accord : d'accord	•18 D
être d'accord avec	2 T
accorder	12 D
accordéon *m*	11 T
accueil *m*	10 D
accueillant	14 T
accueillir	10 D
accuser	11 D
achat *m*	12 T
acheter	• 9 D
acte m	18
acteur *m*	5 V

action *f*	7 G
activement	11 D
actrice *f*	5 V
actualité *f*	11 D
actuel	4 D
actuellement	5 OP
adapté	4 T
addition *f*	•19 V
adjectif *n*	•12 P
admettre	14 Dʙ
administration f	18
admirable	6 SIT
admiratif	18
admiration *f*	17 D
admirer	4 SIT
adolescent *m*	17 D
adorer	•19 D
adoucir	13 D
adresse *f*	•13 D
adresser	11 SIT
s'adresser à	
adroit	14 Dʙ
adulte *m*	13 T
adverbe *m*	1 G
aérienne : compagnie	
aérienne *f*	16 T
aéroport *m*	5 SIT

F

LA FRANCE EN DIRECT

Version anglo-saxonne

J. et G. CAPELLE

> Niveau 1
> Niveau 2

Version romane :

J. et G. CAPELLE
avec la collaboration de **E. COMPANYS** et **J. RAYNAUD**

Niveau 1   Niveau 2A et **Niveau 2B** (parution fin 73)

Communs aux deux versions :

J. et G. CAPELLE, F. GRAND-CLÉMENT et **G. QUÉNELLE   Niveau 3** et **Niveau 4**

LA FRANCE EN DIRECT / NIVEAU 2

ont également paru :

Cahier de phonétique	Cahier d'exercices	Disques
Bloc de tests	Films fixes	(pour l'élève)
Bandes magnétiques	Figurines	

table des matières

Imprimé en France par
BRODARD GRAPHIQUE — Coulommiers-Paris.
HA/3111/2
Dépôt légal n° 3985-12-1981

Collection n° 17
Édition n° 20

◈ 15/2896/7

◈ 15/4600/1